Si no tienes paz, elige de nuevo

Ψ

Manuel González Bedmar

Editado en Octubre de 2022
© Texto Manuel González Bedmar
© Composición de portada Manuel González Bedmar
Reservados todos los derechos de conformidad con la ley

ISBN 9798355470319

No se permite la reproducción total o parcial de este libro, ni su traducción.

*Dedico este libro a
mis padres con todo
el cariño y afecto*

Prólogo

Conocí a Manuel hace más de un año. En este leve caminar, he descubierto a una persona que además de enseñar, "vive" el libro (Un Curso de Milagros). Alguien que es congruente con las líneas que conforman cada página y su manera de vivir, lo que nos asegura que su contenido es real, que no son fantasías o falacias creadas por la imaginación.

Por ende, considero a este libro una herramienta muy valiosa, una aportación estupenda para aquellos que iniciamos el camino del despertar de la conciencia.

Al adentrarnos en su lectura, nos invita a cambiar nuestros pensamientos, nuestra percepción, pues todo lo que permanece en nuestra mente, lo atraemos, lo creamos. De ahí que nada sea ajeno pues todo deviene del interior.

Así también, nos invita a perdonarnos, sin culpa, con amor, y elegir de nuevo. Siempre podemos hacerlo. Esa es la "poción mágica".

Por otra parte, nos recuerda la importancia de permanecer en el aquí y el ahora. Vivir el presente, no recordando el pasado ni pensando en el futuro.

Igualmente, nos reitera que somos seres de amor. Que el amor está en nuestro interior; si el amor no existe dentro, no lo puede estar afuera.

Nos invita también a reconocer la divinidad que está en nosotros. Que somos uno con Dios, que todo nos ha sido dado, sin límites. Tenemos que recordarlo constantemente.

Vivir en el agradecimiento, no en la queja.

Es también un instrumento para comprender y acercarnos a las enseñanzas de Un Curso de Milagros.

Todo a través de frases coloquiales. Sencillas de comprender, tales como: Elijamos qué mantenemos en nuestra mente, la felicidad es siempre interna; no depende de factores externos. El miedo crea lo que se teme, entre otras.

Es un honor para mí escribir el prólogo, ya que es un libro muy enriquecedor para el espíritu, y cuyo contenido, no me cabe duda, será de gran aporte a quienes estamos emprendiendo el despertar. Un excelente regalo para nuestros seres queridos.

Valeria Dalle Mese Zavala

Introducción

Siendo este mi segundo libro, quiero compartir mis enseñanzas y aprendizajes basados básicamente en el estudio del libro *"Un Curso de Milagros"*. (En adelante el "Curso")

El "Curso" es un paradigma totalmente diferente al sistema de pensamiento de este mundo. Requiere de tiempo, dedicación y sobre todo de una gran capacidad de entrega para asimilar su mensaje profundo. Ya que es una inversión total en el sistema de pensamiento.

El libro no pretende en ningún caso, sustituir al "Curso", sino más bien, aportar una visión más sencilla y fácil de asimilar a la hora de entrar a practicar el "Curso".

Durante años los estudiantes del "Curso" se han visto con cierta complejidad en su relación con el mismo; debido a cómo está redactado y a su vocabulario, al cual da otro significado.

En este camino complejo, entendí, que el "Curso" es básicamente una práctica, al igual que el camino espiritual. La información es totalmente necesaria, pero sin la vivencia y experiencia, no hay aprendizaje.

En el libro veremos constantemente en que consiste esta inversión de pensamiento, que nos lleva a ver todo de una manera totalmente distinta. No sufrimos por lo que pasa, sino por como vemos lo que pasa, por lo tanto, "si no tienes paz, elige de nuevo".

Elegir de nuevo es cuestionarnos todo nuestro sistema mental, creencias, miedos, patrones aprendidos y toda la información guardada en el consciente e inconsciente.

No podemos aprender algo, si no lo cuestionamos y no hay aprendizaje sin experiencia.

A lo largo de los textos referidos en el libro, asistiremos a una visión diferente de nuestra manera de ver y entender la vida.

"Nada puede cambiar a menos que se entienda, ya que la luz es entendimiento".

El libro es fiel a mi metodología: Ver para entender, entender para comprender y comprender para elegir de nuevo.

Si no somos conscientes de nuestros problemas, no los podemos resolver.

Querido lector, sumérgete en este viaje a ver de otra manera. "Y si quieres tener paz, elige de nuevo".

Nota:

Los textos que llevan comillas y cursiva, pertenecen al Libro *"Un Curso de Milagros."*

Agradecimientos

Agradezco a todos aquellos que me han acompañado a lo largo del camino en todos los senderos espirituales. Una veces como maestros y otras como alumnos.

En el "Curso" el papel de maestro y alumno se intercambian continuamente, todos somos alumnos y maestros en todo momento.

Entre mis maestros más relevantes quiero destacar a Hilda Núñez, José Luis Molina, Enric Corbera y Sergi Torres. Todos en su momento aportaron una información indispensable para entender el "Curso".

Empecé a dar clases del "Curso" cuando solo había leído los cuatro primeros capítulos del texto. Sin duda esto es una osadía. Por lo tanto agradezco a mi osadía, pues gracias a ella, me permitió profundizar de una manera más rápida en su conocimiento. No en vano el "Curso" afirma que si quieres aprender algo, que lo enseñes.

Gracias a Enric y a José Luis descubrí mi capacidad para realizar el "Acompañamiento del Perdón", llamado en el "Curso" la "Psicoterapia".

La "Psicoterapia" del "Curso" me ha permitido profundizar como nada en el. Por lo tanto agradezco a este método que me permitió poner en práctica el "Curso".

Somos el producto de nuestros aciertos y de nuestros fallos. No debemos desechar nada. Esto me ha permitido alcanzar una claridad mental para hacerme más consciente.

Gracias a los que asistieron a mis primeras clases y en mis viajes a Granada, donde puede poner en práctica lo aprendido.

Gracias a todos los que nuestros caminos se juntaron, por unos instantes o por muchos años.

Agradezco con amor a Marta Isabel Ambrosio Grave por su gestión en la maquetación y apoyo en la realización del libro y a Valeria Dalle Mese Zavala por corregir ortográficamente y por la realización del prólogo.

INDICE

NADIE QUE.. 1

RECUERDA QUE..... 3

¿TE HACES FELIZ? 4

ERES AMOR 5

NO DEJES... 6

LA VIDA ES HOY.. 7

ESTAR CON UNO MISMO 8

SIEMPRE SE PUEDE 9

DAS LO QUE ESTÁS PERCIBIENDO... 11

EL CONFLICTO 12

CONTEMPLA... 14

DECIDO 16

EL MAYOR DISOLVENTE DEL MUNDO... 18

AGRADECIMIENTO 20

LA NECESIDAD DE ORAR... 21

REGÁLATE 22

TENEMOS NUESTRO JUSTO MERECIDO 24

TÚ DECIDES 26

ELIGE DE NUEVO 28

PROTEGERME DE LOS PELIGROS EXTERNOS............................... 30

SI SÓLO EXISTIERA ESTE INSTANTE... 31

HOY Y AHORA	33
CERRAR LA PUERTA	35
ESTE MOMENTO ES TODO LO QUE HAY	37
ACEPTAR	38
CONCIENCIA	39
ELIMINAR EL DAÑO	42
EN TU MENTE ESTÁ LA ENFERMEDAD Y LA SALUD	44
A DONDE SEA, PERO CONTIGO	45
LA VIDA LOCA, LOCA	46
SOLO TÚ SABES TU DESTINO	49
NO DEJES DE CAMINAR	51
ME LLENÉ DE SILENCIOS	53
QUE NO ME OLVIDE	55
HEMOS DE ELEGIR	57
NO PODEMOS	59
SE ALEJÓ	60
SÉ FELIZ	62
CERRAR CICLOS	64
CONFÍA EN TU SABIDURÍA INTERIOR	65
DESPERTAR CON CONCIENCIA	67
VOLVÍ A TENER UNAS INMENSAS GANAS DE SER FELIZ	69

TU VIDA	71
NO PUEDES PEDIR LO QUE TÚ NO TE DAS	73
¿POR QUÉ NO TE DAS UNA OPORTUNIDAD?	76
QUIÉRETE	78
NO TE AFERRES A NADA	80
AUTO - SANARSE	82
NUNCA ES TARDE	83
YO QUIERO...	84
CUANDO NO SEPAS QUÉ HACER	86
EL PASADO YA PASO, NO ME PUEDE AFECTAR	87
EL FIN DEL CAMINO	89
NO TE DEJES PARA MAÑANA	91
TODO ESTÁ BIEN	92
DESPIERTA AHORA	94
TODO DEPENDE DE TU PERCEPCIÓN	95
DEJA DE CONDENARTE	97
VIVIR EN EL PRESENTE	99
HAZ EL CAMINO A LA INVERSA	101
HOY POR FIN, TE PERDONO	103
EL SER HUMANO Y SU DESTINO	105
LA VIDA ES COMO UNA POMPA DE JABÓN	108
SI NO TIENES PAZ, ELIGE DE NUEVO	110

Y SI EN VEZ DE QUEJARTE, AGRADECES 115

ELIGIENDO ELIJO 118

EL MUNDO ME DEVUELVE.. 120

SÍ PODEMOS HACER 121

ME DI CUENTA 124

ESPERANZA 126

ESTÁS A TIEMPO 128

Y... 130

LA FELICIDAD ES UN ESTADO DEL SER 133

ERES TU PRIORIDAD 135

VIVE SIN TEMOR 137

APRENDE A VER DESDE EL AMOR.. 139

CREE EN TI... 140

TU DIVINIDAD 141

TEN SIEMPRE PRESENTE 143

NOS HEMOS OLVIDADO 145

LA VIDA ES PRESENTE.. 147

LA MENTE CREA NUESTRO DÍA A DÍA 149

INSTANTES 151

SI NO TIENES 152

HAY UN PODER MÁS FUERTE QUE LO PUEDE TODO................................. 154

ESTE ES EL MOMENTO PROPICIO 157

- EL ÉXITO Y LA FELICIDAD 159
- DOS VIDAS 160
- DEJAR ATRÁS 162
- TÚ ERES EL CAMBIO QUE ESTÁS BUSCANDO 163
- PASAR EL DÍA 165
- SÓLO TÚ SABES TU DESTINO 166
- Y... LÍBRANOS DEL MIEDO 168
- EL PLAN DE DIOS 170
- NO ESPERES QUE NADIE ENTIENDA TU CAMINO 172
- QUE LA MUERTE… 174
- SI DIOS ME HABLARA, DIRÍA… 176
- EL SUEÑO LUCIDO 182

Nadie que...

Nadie que ame puede temer. Nadie que ceda al temor puede amar.

Donde hay amor, no puede haber temor. El miedo crea lo que se teme.

Aceptar el temor es encerrarse en la limitación, es abandonarse. El miedo y el temor nos muestran un mundo carente y perverso. Lleno de peligros y adversidades. El miedo a perder está presente en todo momento. La muerte es novia del miedo, caminan juntos.

El amor es esperanza, certeza, convicción. El amor no teme nada, no cede al miedo. El amor es luz y en la luz no hay sombras. Cuando el amor reina en nuestras vidas, hay paz, felicidad y alegría.

En el amor no hay enfermedad, dolor, sufrimiento, ni pérdida de ningún tipo. El amor llena, oxigena, expande y calma. Quien no se ama, enferma.

El miedo debilita y enferma; la culpa engarrota y nos hace sentirnos desamparados. Nada bueno sale del miedo.

En el amor hay vida, entusiasmo, deseo de vivir y compartir. El amor da, sabiendo que no puede perder, pues se ve y se reconoce en todo.

El querer no es amor, es necesidad, intercambio. Dar para recibir, es temor disfrazado. Quien ama no espera recibir.

Decidamos vivir en el amor, abandonemos todo temor. La despreocupación es confianza. Si el miedo crea aquello que se teme, sin miedo no tendremos nada que temer. La confianza pertenece al amor. Nos trae paz y seguridad.

Elijamos el amor. Si abandonamos el miedo, lo que queda es el amor. No seremos libres mientras vivamos en el miedo.

Es una elección nuestra; no depende de nada ni de nadie. Si tienes miedo, no tienes fe.

En algún momento tenemos que enfrentarnos a nuestros miedos; mirarlos de frente. El miedo no es nada en sí. Nosotros lo creamos y nosotros lo desvanecemos.

Obsérvate para ver si vives en el miedo o en el amor. Observa si tus decisiones las toma el miedo o el amor. El miedo crea más miedo, el amor sólo atrae amor.

Recuerda que...

Sólo existe este instante, aquí y ahora, el presente. Todo lo que puedes hacer está en este momento. Es el único momento que realmente vivimos.

No lo dejes pasar, añorando el pasado o proyectando el futuro. Esa es la mente viajando a tiempos inexistentes.

Vivimos de verdad cuando nos descubrimos en una experiencia, en el ahora; cuando confiamos, cuando reímos, cuando nos equivocamos, cuando lloramos, cuando empezamos de nuevo...

Vive el ahora, el presente. El león que tanto temes sólo vive en tu mente. No dejes que el guionista loco que hay en tu mente gobierne tu vida.

No sufrimos por lo que pasa sino por como pensamos. La imaginación de la mano de la preocupación nos lleva a escenarios de dolor y sufrimiento, que sólo ocurren en nuestra mente.

Donde ponemos nuestra atención, allí estamos nosotros. Elijamos pues qué mantenemos en nuestra mente.

Nuestra mente es un jardín y cada pensamiento una semilla. Elije bien que siembras pues lo estás poniendo en tu vida.

¿Te haces feliz?

Porque si tú no lo haces, no lo hará nadie.

Piensa en cómo te tratas y te hablas, en cómo te consideras y te respetas. Ahí verás si eres tu amigo o tu peor enemigo. Si no te aceptas es porque te juzgas. Detrás del juicio hay culpa.

Entendimos mal el mensaje. No es el sacrificio y la incoherencia, no es el sufrimiento y la entrega incondicional donde están nuestra paz y felicidad. Ahí están nuestros dolores, amarguras y tormentos.

Recibimos lo que nos damos y si no nos apreciamos y valoramos siempre vivimos en carencia, mendigando el cariño, la atención y el afecto que no nos damos.

Sólo resolviendo nuestros conflictos internos tendremos paz. La felicidad es siempre interna; no depende de factores externos.

Con la coherencia, el respeto y aprecio que nos damos, propiciamos nuestra paz. Valorarnos y amarnos nos sube la autoestima, nos refuerza en nuestra valía y nos empodera, no dependiendo del mundo externo.

Si buscas el reconocimiento externo, es porque careces del interno.

Hazte feliz aceptándote y valorándote. Dejando de revivir un pasado que no tiene futuro y ya sólo existe en tu mente. Tratándote como te gustaría ser tratado.

Eres amor

No lo olvides nunca, pase lo que pase, veas lo que veas; tú sigues siendo amor.

El amor no nace ni muere; no viene y va. Es eterno y permanente. Si no lo vemos es por todas las capas de miedo, culpas y juicios que hicimos y pusimos encima. Somos nuestra propia condena, pero somos nuestra liberación.

Lo que Dios crea no cambia y somos sus Hijos. No podemos cambiar. Él es amor; por lo tanto, nosotros somos Amor.

No lo olvidemos; en este sueño, en esta locura, no hay amor pues creamos este sueño para que Dios no pudiera entrar. Grave error; no podemos dejar de ser lo que somos.

Somos Vida, Verdad, Amor, Paz y todas las cosas que Él es. Abandonemos el miedo, la culpa y todos los juicios. Dejemos de creer que estamos separados de Él. Esto no puede ocurrir ni en sueños.

Padre, sana mi mente que se cree separada, que cree en el sufrimiento, en el sacrificio, en el dolor y en toda la locura de contemplar a tu Hijo como Tú no lo creaste.

Me confundí con el personaje de mis sueños y creí que yo era él. Sólo puedo ser la Verdad que Soy.

Soy Amor, aunque mis sentidos no lo perciban, lo Soy.

Gracias Padre, porque no puedo dejar de ser... lo que Soy.

No dejes

No dejes de amar, de perdonar, de reír, de bendecir.

No dejes de tener esperanza, de confiar, de creer.

No dejes de vivir este instante como el único que existe.

No dejes que las sombras te hagan creer que el sol se fue.

No dejes de pensar bien, de sentir la vida, de buscar el bien.

No dejes de creer en tu hermano simplemente porque no recuerda quién es.

No dejes de bailar, de buscar la verdad, de comprender.

No dejes de abrazar, de consolar, de entender y de respetar.

No dejes que una caída te deje en el suelo.

No dejes que tu pensamiento se contamine con lo que no es verdad.

No dejes que las apariencias te engañen.

No dejes que el pasado vuelva. Ya pasó, no existe.

No dejes que el miedo te paralice. No existe, no le des poder.

No dejes de estar presente, porque dejas de vivir.

Siempre hay otra manera de ver el mundo, siempre hay otra manera de actuar.

Donde hay luz no puede haber sombras, y tú eres hijo de la luz.

No dejes que se te olvide.

La vida es hoy

La vida es como es, pero para nosotros es como la percibimos. Sanar la percepción es ver la vida con otros ojos. No esperar nada, no exigir nada; no sacrificarse y no esperar que los demás se sacrifiquen. Ser sinceros con nosotros mismos y a la vez, ser consecuentes con nuestras circunstancias.

Cuanto cambia la vida si no queremos cambiar la vida de los demás; si los aceptamos tal y como son. Sólo nos corresponde vivir nuestra vida, mejorándola a cada instante; conscientes de todo lo bueno y maravilloso que hay en ella y saboreándolo a cada momento, como si fuera el único instante que existe.

Cuando nos llega la hora, sólo nos arrepentimos de las cosas que no hicimos.

Disfruta la vida, porque la vida es hoy.

Estar con uno mismo

Cuando sabes estar contigo mismo, has entendido que ya no volverás a estar solo, jamás.

Cuando te aceptas con todo lo bueno y lo malo que ha pasado en tu vida, cesan los conflictos.

Cuando aprendes a darte el cariño, el amor, el respeto y la consideración que siempre buscaste fuera, empiezas a sentirte pleno. Ya no mendigas afecto, amor y comprensión.

Al estar a solas contigo y sentirte en paz, es cuando te haces consciente de que puedes estar contigo y de que no necesitas a nadie para ser feliz.

Una cosa es "necesitar" y otra es "querer" estar con alguien.

Aprende a estar contigo primero y verás el camino de otra manera.

Todo esto no puede ocurrir mientras no te aceptes. No aceptarse significa rechazarse. Si te rechazas, proyectarás rechazo y te lo encontrarás por doquier.

La clave es aceptarte con todo lo bueno y lo malo. Todo es para tu beneficio, para tu aprendizaje. No sabrías lo que sabes hoy, si no hubieras vivido todo lo que has vivido.

Aceptarse es hacer las paces con uno mismo. Si no hay aceptación, hay conflicto.

Siempre se puede

Siempre se puede, siempre hay otra manera.

Los milagros son consecuencia de atreverse a creer.

No esperes que cambie el resultado si tú sigues haciendo lo mismo.

No hay camino, tú eres el camino.

Confía y no temas, si temes ya no estás confiando.

Despreocúpate, no dejes que el guionista loco que hay en tu mente, escriba esos guiones de terror.

Piensa lindo, piensa bonito, ve alegría en todo y en todos. Solo veo belleza.

Tu atención tiene un inmenso poder, observa donde la pones, allá donde está tu atención estás tú. Por ejemplo: En la pena, en la escasez, en cosas tristes que pasan por tu mente, si es así, eso es lo que estás poniendo en tu vida.

Cuesta lo mismo centrarte en las que te ponen triste, que en las que te ponen alegre. Decide. Unas te deprimen y te enferman, las otras dan paz y felicidad.

Suelta ya el miedo y la culpa. No arreglan nada. Vibra en belleza, mira con ojos alegres, tu paz es un estado de ánimo, una actitud en la vida.

Deja de querer resolver el futuro, el futuro es la continuación del presente. Y el presente solo es confiar en la verdad que hay en ti y te creó. Nada tiene poder sobre ti, sólo el que tú le des.

Decide estar alegre y confiado, sonríe a la vida. Recibes lo que das y te das, Trátate con todo el amor y consideración. Lo que te das es lo que el mundo te va a dar.

Agradece por todo, no temas nada, sonríe a la vida, espera solo lo bueno de tu hermano y si estás en un mal momento recuerda. . . Todo pasa.

. . . Sólo confía. . . esa es tu labor.

Das lo que estás percibiendo

Lo que percibes es lo que estás dando y lo que estás recibiendo. Dar y recibir son lo mismo. Si no te gusta lo que recibes, cambia tu percepción.

Si percibes escasez, miedo, tristeza, soledad y abandono en el mundo, es lo que le estás dando, y es lo que vas a recibir.

Te ves separado, solo e indefenso. Crees que no mereces; por lo tanto, tienes que hacer cosas para sentirte merecedor.

Trabajas porque no te ves merecedor, cuando ya todo te ha sido dado; pero dudas de ello. Luego te quejas de que no recibes. No vas a recibir hasta que no te sientas merecedor. No es castigo, es consecuencia. Si no te das a ti mismo, vives en carencia. "Amarás al prójimo como a ti mismo". El universo no sólo escucha tus palabras... recibe como vibración lo que sientes y te obedece; te da lo que das.

Cambia la percepción que tienes de ti mismo. Deja de verte en la pequeñez, en el ego, en la separación. Tú no eres eso, quien te creó te creó pleno.

"Es imposible no tener, pero es posible que no sepas que tienes".

Lo que das, te lo das. No es el dar físico, es el dar mental, el de la percepción; y percibes, como piensas.

Cambia tus pensamientos y tus creencias, para que todo cambie.

El mundo aguarda tu perdón; la corrección de tus creencias. Sana tu mente y sana tu mundo. Ahí fuera, sólo está el reflejo de tu mundo mental.

El conflicto

El conflicto que vivimos es la oportunidad de resolver y corregir algo en nuestras vidas, no es algo ajeno a nosotros. Muy por el contrario, está únicamente en nosotros; en nuestra mente, en nuestra manera de ver y de percibir. Hemos percibido algo erróneamente.

Los conflictos que no hemos resuelto de nuestra infancia, son los mismos que seguimos viendo en la actualidad. Cambian los personajes y el cuadro, pero el conflicto es el mismo.

Conflictos con el dinero, en las relaciones. Conflictos que muchas veces desencadenan en enfermedades.

Como en realidad sólo es un error de percepción, se puede corregir. Entender los por qué y los para qué de nuestra vida, nos cambian la percepción.

Debemos ir a la causa del conflicto para permitirnos verlo de otra manera. Ver y comprender a los personajes que participan en el conflicto, nos va a cambiar la información que teníamos. Este cambio es fundamental pues sin este conocimiento no podemos resolver el conflicto. Sin entendimiento, no hay corrección. El entendimiento es luz.

El conflicto no debe evitarse, ni ocultarse; esto no lo soluciona. El conflicto se debe afrontar, empezando por aceptar su existencia y nuestra responsabilidad en él.

Éste se resuelve cuando se encara, cuando decidimos verlo de otra manera, empezando por reconocer que somos la causa de lo que nos ocurre. Desde ahí, indaguemos en nuestro pasado, en nuestra infancia. Allí está el origen de todos nuestros conflictos. Nuestro sistema de creencias y de percepción, da origen a los conflictos.

Permítete indagar y buscar en ti; tú eres la causa y la solución. No hay nada ajeno a ti en tu vida.

Contempla

Tu paso por el tiempo y por el espacio no es al azar.

No puedes verte separado de Dios porque no puedes estar separado de Dios.

Todo lo que haces, lo haces en Él; porque todo lo que piensas, lo piensas con Su Mente.

La Luz y la Vida son inseparables, pues no son sino diferentes aspectos de la creación.

Negar la Luz hace que te resulte imposible percibirla. No percibir la Luz, es percibir la oscuridad.

Alcanzar la Luz es escapar de la oscuridad.

Para poder ver, tienes que reconocer que la Luz se encuentra en tu interior y no afuera.

El milagro está siempre aquí.

No hay falsa apariencia que no desaparezca si en lugar de ella pides un milagro.

La verdad es un salvador, y su Voluntad es que todo el mundo goce de paz y felicidad.

La verdad le da el caudal ilimitado de su fortaleza, a todo aquel que la pide.

La fe se canaliza hacia lo que deseas. El deseo es una oración.

Creemos que hay un Dios que nos juzga. No comprendemos que esta característica o atributo no le corresponde a Él, sino al ego.

Todo existe para tu beneficio. Para eso es para lo que es; ése es su propósito y su significado.

Para despertar, hay que dejar de juzgar. Poner expectativas es esperar un resultado.

El Milagro no hace nada, deshace.

El auténtico poder no se opone a nada. Es el poder de la quietud mental, del no juicio, de la mente que se halla presente en el aquí y ahora y que sabe que puede decidir el instante siguiente si se halla en paz.

La importancia del instante santo reside en que, para sanar, sólo se necesita un instante. Un instante es suficiente; un instante de liberación del miedo y de la culpabilidad. O lo que es lo mismo, de liberación de todo juicio.

Deposita toda tu fe en el Amor de Dios en ti. Ésta es la respuesta a todo problema que se te presente hoy.

Decido

Decido ser admirada y valorada, querida y respetada, que no sientan pena de mí. Decido ser un valioso ejemplo para mis seres queridos. Decido ser maestra en vez de víctima. Decido darme el amor que tanto mendigué.

Decido pasar página. Decido comprenderme y apoyarme. Decido dejar de juzgarme y ser mi mejor amiga. Decido que hoy es un nuevo día, y decido vivirlo desde el amor.

Decido que nadie decida por mí, empezando por el miedo. El miedo sólo tiene el poder que yo le dé, y ya no le doy ningún poder.

Decido sonreír, caminar alegre, dejar de buscar que otros me den lo que creo que me falta.

Decido abandonar la carencia y la necesidad; sólo son la creencia de creerme y sentirme separada de la Fuente.

Decido ser valiosa; en primer lugar, para mí. Decido que mi autoestima no depende de mi imagen, ni de lo que puedan pensar o decir los demás.

Decido ver lo bueno y maravilloso que hay en todo...

Decido caminar sin miedo, abandonando mis creencias limitantes. Decido dejar atrás el pasado, bueno o malo. Decido comprender a todos y perdonar, sobre todo perdonarme por haber sido tan dura y exigente conmigo misma.

Decido abrazarme, quererme y darme lo mejor en todo momento.

Decido decir no, cuando quiero decir ¡NO!

Decido ser un ejemplo de coherencia y perseverancia en mis más nobles deseos y sueños.

Decido no sentirme culpable por nada. Siempre hice las cosas lo mejor que sabía, de acuerdo al estado de conciencia que tenía. Ya no me juzgo ni me condeno por nada.

Decido amarme y respetarme, ayudarme, comprenderme, aceptarme. Y ser para mí todo lo que espero de los demás.

Decido no mirar atrás, soltar el pasado, abrazarme y verme como siempre quise que me vieran.

Decido ser mi mejor versión de aquello que admiro, de lo que me siento orgullosa. Y sobre todo, decido respetarme y no juzgarme por nada. Decido desde el amor que me tengo.

El mayor disolvente del mundo

Hay muchas cosas en nuestra vida diaria a las que les tenemos que aplicar algún tipo de disolvente.

En el "Curso", el mayor disolvente es el perdón. Recordemos que el perdón es también una ilusión, pero esta ilusión nos ha sido dada por el Espíritu Santo.

Ante cualquier creencia debemos de aplicarlo inmediatamente. Recordemos que aquí todo es ilusión. Por lo tanto, *"No le daré valor a lo que no lo tiene"*. Continuamente estamos haciendo real todo lo que parece acontecer en nuestras vidas y luego nos quejamos como si fuera algo ajeno a nosotros. Pero *"NO HAY NADA AJENO A MÍ"*. Ésta es la gran verdad y entenderlo es lo que va a cambiar mi vida.

Esto es a lo que el "Curso" se refiere cuando dice *"Hay otra manera de ver el mundo"*, y mientras no entienda que no es fuera donde debo de mirar sino dentro, andaré perdido y equivocado.

No me está ocurriendo nada, lo estoy proyectando yo. *"La proyección da lugar a la percepción"*. De esta forma tengo que perdonar por haber aceptado como real aquello que sólo es una ilusión... *"He debido decidir equivocadamente, porque no estoy en paz"*. Así reconoceremos que no es fuera, sino dentro donde está el error... *"Si reconocieses que cualquier ataque que percibes se encuentra en tu mente, y sólo en tu mente, habrías por fin localizado su origen, y allí donde el ataque tiene su origen, allí mismo tiene que terminar"*.

Nadie jamás me hizo nada. Cuesta aceptarlo, pero cuando lo hacemos, empezamos a liberarnos.

El perdón deshace el error allí donde se encuentra y no hay creencia que se resista. *"La Expiación es tan dulce, que basta con que la llames con leve susurro para que todo su poder acuda en tu ayuda y te preste apoyo".*

Sólo se nos pide la rendición a las antiguas creencias. Querer conservarlas es querer tener razón. *"¿Qué prefieres, tener razón o ser feliz?".* No puedes ver dos mundos; si aceptas el perdón, no puedes mantener tus creencias erróneas.

Para el mayor disolvente del mundo no hay límite por lo que no dudes en utilizarlo ante cualquier apariencia... *"Perdonaré y esto desaparecerá"*

Gracias, Padre.

Agradecimiento

Mantente en un estado de gratitud constante, por lo que eres y lo que tienes. Hay que vivir en un estado de permanente agradecimiento por todo. Dándole a cada momento, a cada situación, el reconocimiento del valor que tiene. Vive saboreando, disfrutando el café que te tomas, el aire que respiras, la ducha en la mañana, las sábanas limpias en la noche...

El nivel vibratorio de la gratitud es altísimo, las ondas son similares a las del AMOR; poderoso, por lo mismo. Si logras mantenerte en ese estado por un tiempo considerable y de manera sostenible, los milagros se acercarán a tu vida... No olvides que el agradecimiento es un aspecto del Amor.

El simple hecho de vivir consciente y despierto cada momento, saboreándolo, sintiéndote vivo y presente, ya es suficiente.

Por desgracia no valoramos las cosas hasta que las perdemos. Vivir disfrutando de todo cuanto hay en nuestra vida, es un milagro que nos enriquece a cada momento.

Aprende a vivir reconociendo todo cuanto hay en tu vida. Al hacerlo, no hará falta que des las gracias, pues estarás en pleno estado de agradecimiento. Esto es vibrar en el agradecimiento y cuando más agradecemos, más motivos vamos a tener para agradecer.

El Universo sólo sabe de vibraciones. Las vibraciones que irradias a través de tu estado de ánimo, son las semillas que estás plantando en el campo cuántico. Se recoge lo que se siembra, multiplicado por diez.

La necesidad de orar

Una vez despejadas las falsas percepciones acerca de Dios (el Dios del castigo, de la culpa, de la condena eterna, en definitiva, el Dios del ego), podremos levantar la mirada y orar sin el miedo, con todo el amor. De aquí nace la necesidad de orar. Orar para agradecer por todo. No es la oración de la súplica, es del reconocimiento, porque todo ya ha sido dado. Orar agradeciendo, por el Ser, por la vida. Porque ya somos, no necesitamos hacer nada, sólo aceptar.

La necesidad de orar, es la necesidad de bendecir, de decir-bien, de ver todo con otros ojos, sabiendo del auténtico propósito que ahora tienen las cosas, de la mano del que lo sabe todo.

Esta necesidad no nace de la culpa, del dolor, del sufrimiento; todo eso es escasez, es verse separado. La oración que sale del reconocimiento por ser y formar parte del todo, es la oración que lleva una sonrisa, que se alegra por todo lo bueno que le ocurre a tu hermano. Esta oración es un permanente estado de gracia. Es haber comprendido que no hay separación, que seguimos siendo tal y como ÉL nos creó.

Esta oración no necesita apenas palabras, es un sentimiento latente, una actitud ante la vida; está llena de certeza, esperanza y fe. No pide nada, y lo da todo.

Aquí orar es una expansión del amor, sin juicio, aceptando y comprendiendo, perdonando y rectificando. Esta oración es un estado de conciencia que se vive y que apenas se puede explicar con palabras.

Hoy te invito a que ores desde esa necesidad de agradecer.

Regálate

Regálate tu paz, tu libertad; sal del sueño, despierta. Todo es ilusión y sólo tienes creencias adquiridas que te condicionan y te limitan. Tú eres algo más que tus creencias, tú eres un ser sin límite.

Vivimos vidas que no queremos, hacemos trabajos que no queremos y lo único que hacemos es justificar que tenemos que hacer eso. Somos esclavos de nuestras creencias y lo peor es que seguimos alimentándolas, en vez de cambiarlas.

Ocurre lo que ocurre en nuestras vidas, porque es lo que creemos, es lo que pensamos. El hombre sin miedo se llama a sí mismo El Hijo de Dios.

No ve límites, se quita creencias absurdas y adquiridas, sólo ve el campo cuántico de las infinitas posibilidades donde todo es posible.

Vive en el presente consciente de que sólo existe ese momento. El futuro será simplemente la continuación de ese presente.

Contempla todo sin juzgar. Sólo observa, sabedor de la inocencia de su hermano.

Vive sin temor, consciente de que si no tienes miedo, no tienes nada que temer. El miedo atrae aquello que se teme, lo estamos creando y atrayendo a nuestras vidas; por lo tanto, si no temes, no tienes nada que temer.

Éste es el principio de tu libertad. Por lo tanto, regálate amor, libertad, paz, felicidad y todo cuanto desees; eres el único responsable de tu vida.

Empieza por estar en paz contigo mismo; perdona todo y a todos, somos inocentes, pues no sabemos lo que hacemos, somos ignorantes. Deja de vivir en el ego, donde todo se basa en el temor, en la duda y en la culpa. El ego no tiene ningún poder sobre ti; eres tú el que se lo da, no te identifiques con él. Por el contrario, identifícate con tu Divinidad, el ser que realmente eres, el ser que Dios creó.

Tenemos nuestro justo merecido

Decir esto desde el punto de vista del ego, suena cruel, aberrante e injusto. Pero desde el punto de vista de la Divinidad, es un hecho irrefutable.

Si como todos sabemos, recogemos lo que sembramos y existe la ley de causa y efecto, no puede sino haber consecuencias a todo lo que pensamos, sentimos y hacemos.

La idea de que todo lo que ocurre está más allá de nosotros es totalmente errónea, nada más lejos de la realidad. La ley está hecha para protegernos, no para castigarnos; el castigo es un invento del ego, que a través de la culpa nos tiene prisioneros en este mundo de ilusión. La ley trata de hacernos conscientes de que todos nuestros pensamientos, sentimientos y acciones, tendrán un fruto. No hay casualidad, hay causalidad.

De esta manera, no hay nada injusto bajo el sol; todo es consecuencia de nuestra manera de pensar y de actuar; ya sea que estemos conscientes de ello o no. Por lo tanto, siempre tenemos nuestro justo merecido.

No hay premios ni castigos, sólo consecuencias. Luego, nosotros a estas consecuencias las valoramos como premios o castigos, dependiendo de nuestro criterio. Lo que para uno es bueno, para otro es malo. Esto nos demuestra que nada es bueno o malo.

Una vez más tomamos conciencia de nuestro poder. Si entregas ese poder al mundo exterior creyendo que no puedes hacer nada, que más bien eres una víctima, eso será lo que verás en tu vida. Pero si tomas conciencia que eres tú y sólo tú el que está continuamente creando todo lo que acontece en tu vida y decides asumir el mando de todo, a través del control de tus pensamientos, sentimientos y acciones, tu vida será lo que tu decidas que sea... Seguirás teniendo tu justo merecido. Si abandonas el miedo y empiezas a vivir en el amor y la despreocupación, todo se compondrá poco a poco. Si das amor, recibes amor. Si eres comprensivo, la vida será comprensiva contigo. Es así, y siempre lo ha sido.

Decide asumir tu poder. Empieza a observar cómo piensas, cómo actúas. Conviértete en el observador que está siempre en el aquí y ahora; viendo, observando todo sin juzgar pues al hacer un juicio estamos errando y caemos en el juego del ego. Da aquello que quieras recibir y, sobre todo, pon tu amor en todo lo que hagas.

Feliz momento presente.

Tú decides

Este mundo es como una montaña. Tu eco depende de ti. Si gritas cosas buenas, el mundo te lo dará de vuelta. Si gritas cosas malas, el mundo te lo dará de vuelta. Si alguien habla mal de ti, tú habla bien de él. Cambia tu corazón, para cambiar el mundo.

Nadie nos está haciendo nada, somos nosotros mismos con la manera de pensar.

Una vez más, pensar que no puedo, hace que no pueda. Pensar que puedo, hace que pueda. No es más fácil o difícil pensar una cosa que otra.

Soy yo el que elige los pensamientos que pongo en mi mente.

Imaginemos que vamos a hacer una receta: Cien gramos de pena, dos cucharaditas de autocompasión, una taza de "pobre de mí" y un chorrito de melancolía. Mezclar todo y cocer en la mente durante una hora.

Así pues, en una hora nuestros ojos miran hacia el suelo, nos pesan las piernas, el cuerpo parece haber perdido la fuerza y nos duele todo.

O bien, segunda receta: Levantarse sonriendo y dando gracias por todo; por tener una cama, una casa, poder ver, etc. Mezclar en un recipiente un chorrito de alegría y otro de buenos deseos para todo el mundo. Batir durante media hora en nuestra mente pensamientos alegres y positivos. Ayudar a los demás de alguna manera, y así, sentirnos útiles. Dejar reposar todo en nuestra mente durante al menos media hora, en meditación.

A continuación, nos miramos en el espejo y veremos una sonrisa en nuestro rostro, sentiremos cómo nuestra respiración es lenta y profunda.

No se trata de que todo sea como nosotros creemos y pensamos. Se trata de **ACEPTAR** todo tal y como es; y de no dar importancia a **NADA**.

Todo empieza con el pensamiento y somos nosotros y sólo nosotros, los que decidimos qué pensamos.

Unos pensamientos nos enferman; otros nos curan.

Ahora tú decide.

El que se queja, va a tener más motivos para quejarse.

El que agradece, va a tener más motivos para agradecer.

Elige de nuevo

Si estás cansado, preocupado, triste y deprimido... Elige de nuevo.

"Eso no tiene por qué ser así". Siempre hay otra opción, otra manera de ver.

Tu percepción no es la verdad, es sólo una interpretación de tu mente, basada en la información de tu pasado. La prueba de que no es verdad, es que cambia.

Luego, estás disgustado sólo por tu percepción, que es una interpretación.

A menudo viviste situaciones, que algunos días te quitaban tu paz, sin embargo, en otros momentos te permitiste verlo de otra manera y no te afectaba. No es lo que ocurre si no cómo vives tú lo que te ocurre.

Si eliges ver el bien, lo bueno y lo Santo de cada situación, persona o cosa, eso será lo que verás. El ladrón ve ladrones, el Santo, santos.

Elige pensar positivo, pensar bonito. Elige soltar el pasado, miedos y rencores; elige despreocúpate del futuro. El futuro nace del presente, si en tu presente hay paz, habrá paz en tu futuro.

Si en tu presente, hay miedo temor y preocupación, estás creado ese futuro.

En cualquier momento puedes elegir de nuevo. Ves lo que crees y no puedes ver lo no crees. Ten una mente abierta y permítete ver otras posibilidades. Recuerda que no hay límites.

Elegir de nuevo es ver más allá de nuestra mente limitada. Cambiar la percepción nos permite afrontar todo de otra manera.

Si los hermanos Wright, se hubieran dejado limitar por las aparentes leyes de vuelo del momento, aún el hombre no surcaría los cielos. Es decir; aunque no lo veamos y no sepamos cómo… Siempre hay otra manera de verlo todo. Si pierdes tu paz, elige de nuevo.

Protegerme de los peligros externos

No deberíamos protegernos de los peligros externos, de cualquier índole, porque entonces estamos aceptando la idea de que hay algo que está por encima de nosotros. Fomentamos el miedo y la posibilidad de que nos hagan daño, al atraerlo con nuestro temor. Cuando nos encontramos en estas situaciones deberíamos pensar que somos Dioses soberanos, dueños de nuestra vida y de nuestra existencia. Somos Hijos de Dios, creados a su imagen y semejanza; por lo tanto, nada ajeno a nosotros nos puede alterar ni atacar.

Somos nosotros los que lo hacemos al darle poder al mundo exterior con nuestros temores. De esta forma, atraemos todo lo que tememos, como un imán atrae a sí mismo todo metal. Despreocúpate de todo temor, este es tu máximo escudo de protección. Recuérdate a menudo que, si no está en tu mente, no está en tu vida. Sólo mantén en tu mente pensamientos positivos y optimistas, alegres y felices. Observa el bien en todo, sin criticar nada. Siembras y recoges, eso es todo. Además, recuerda siempre que no hay premios ni castigos, sólo consecuencias. Al fin y al cabo, tú tienes todo el poder.

La mejor manera de protegernos de algo es no darle poder, no hacerlo real. En el mundo de la ilusión las cosas sólo tienen el poder que le damos. Si le quitamos nuestra atención, se desvanece. No temas y no tendrás nada qué temer. El miedo da lugar a lo que tememos.

Aprende a confiar en la Luz que vive y habita en ti, ésa que te creó. En la Luz, no hay lugar para la oscuridad.

Si sólo existiera este instante

Si sólo existiera este instante, me gustaría pasarlo contigo; que eres Todo lo que Es y Todo lo que puede Ser. Por lo tanto, pasaría este instante con todos, pues todos estamos dentro de Su Corazón. Todos somos Uno.

Si sólo existiera este instante, sonreiría, porque amo la vida, porque creo en el ser humano, porque si sólo existe este instante, quiero ser feliz, quiero estar en paz.

Si sólo existiera este instante, agradecería por todo lo vivido, por las puestas de sol, por el abrazo del amigo, por el mar que viene y me acaricia, se va, pero siempre vuelve. Agradecería por haber tenido la oportunidad de equivocarme y aprender de esos errores. Perdonaría todo y a todos, porque he entendido que este mundo no existe, no es nada. Por lo tanto, en mi perdón está la rectificación en la manera en que ahora contemplo el mundo: un mundo inocente, libre de culpa y por supuesto, de castigo. Lo que Es, no creó las guerras, ni el dolor, ni el sufrimiento; tampoco la necesidad, ni la escasez. Me perdono por haber creído y haberle dado poder a estas cosas.

Si sólo existiera este instante, contemplaría el cielo azul, las nubes blancas y pomposas, el vuelo del águila, la sonrisa del niño, los campos y los bosques en flor. Contemplaría la vida en todo su estado, sabiendo y sintiendo que yo soy parte de esa vida que lo empapa todo.

Si sólo existiera este instante, me llenaría de paz y amor, de felicidad y alegría, de fe y esperanza. Sonreiría a todo el mundo; no me sentiría atacado por nada, ni por nadie. No tendría miedo, ni preocupación. Dejaría de luchar; sólo aceptaría la vida plena y fluiría con ella.

Viviría en un estado de permanente agradecimiento por estar vivo, por ser la vida, porque todo ya fue dado.

La vida es sólo un instante, que se vive en diferentes momentos, pero sólo existe en el presente. Por lo tanto, sólo hay un instante en el que podemos ser felices, estar en paz, re-encontrarnos con el amor. Los milagros sólo existen en el momento presente, la vida siempre es ahora.

Vivimos más pendientes de un mañana en el que haremos realidad nuestros sueños y deseos, que en vivir el presente.

Si vives el aquí y el ahora como lo único que existe o puede existir, tu percepción de este mundo cambiará. Cuando a una persona le dicen que sólo le quedan determinados días de vida, vive la vida de otra manera; todo lo que antes tenía una importancia tremenda ahora no la tiene; sólo piensa en estar con sus seres queridos, en abrazarlos, en decirles lo que les quiere. También se arrepiente de todo lo que no hizo y proyectó para ese supuesto mañana, ya que en el camino se olvidó de vivir, de sentir la vida, en todo.

Si sólo existiera este instante, yo viviría.

Gracias a la Vida.

Hoy y ahora

Realmente sólo podemos estar en el aquí y ahora, pero por desgracia es donde menos estamos. La mayoría del tiempo nuestra mente está en el pasado; removiendo cosas que ya no tienen solución, buscando culpables o reviviendo rencores. Esto nos ancla en algo que no existe, y mientras mantenemos nuestra atención en este tipo de cosas, las revivimos una y otra vez, sintiendo dolor, pena, angustia, rencor y una cantidad inmensa de sentimientos y emociones que nos afectan en el presente. Así, nos sube la tensión, se nos agria la comida, nos duele la cabeza y es posible que nos falte la respiración. Todo por revivir algo que ya no existe, algo que sólo está en nuestra mente.

Por otro lado, podemos proyectarnos en el futuro con temor a que ocurran determinados acontecimientos, como por ejemplo; escasez, falta de amor, miedo a la soledad, a enfermar o incluso a morir. Todo esto nos crea ansiedad, depresión, angustia y un sin fin de malestares. Nos estamos pre-ocupando por algo que no existe y que quizás nunca vaya a existir o pasar en nuestra vida. Conviene recordar que aquello que tememos lo atraemos a nuestra vida y como somos co-creadores con Dios, estamos creando esa realidad.

Ánclate en el aquí y el ahora. Olvida y perdona el pasado, ya pasó. Sólo existe en tu mente y en el poder que le das. Eres tú y sólo tú quien lo revive y por lo tanto, lo padece. El futuro en realidad sólo es la continuación del presente. Si en tu presente hay paz, alegría, optimismo, eso será lo que encontrarás en el futuro.

Por todo ello, es muy importante que tu mente sólo esté en el momento presente, único lugar en el que realmente estamos. En este momento presente, tenemos el poder de decidir cómo queremos que sea. Es nuestra percepción, es decir, nuestra manera de mirar y vivir las cosas, lo que va a determinar esa percepción.

Vive alegre y des-preocupado de todo, saborea este instante y todo cuanto hay en él. Disfruta de lo que tienes, dándole su justo valor.

Recuerda que la vida es hoy y ahora, no te la pierdas.

Cerrar la puerta

Aquí en el sueño, todo es efímero, temporal y perecedero, éstas son sus características.

Todo empieza y todo acaba.

Cuando llega el momento, es bueno saber cerrar la puerta; nunca con un portazo, siempre con elegancia. Agradeciendo y bendiciendo por todo.

Agradecer a los demás por lo vivido, por lo compartido. Siempre hacemos todas las cosas lo mejor que sabemos.

Todo es enseñanza y aprendizaje. Todo opera para nuestro beneficio.

Hay que saber cuándo algo termina; aceptarlo y seguir el camino.

El otro sólo es mi espejo; en el que veo lo que me gusta y lo que no quiero ver en mí. Por lo tanto, siempre debemos agradecer.

Las decepciones sólo llegan con las expectativas. Nadie nos defrauda, nos sentimos defraudados por nuestras propias expectativas. Por lo tanto, "NADIE NUNCA NOS ENGAÑÓ".

Quedarse con lo bueno, con lo valioso, es el premio que nos llevamos. Y aunque la puerta simbólicamente se cierre, sigue abierta. Sólo fue el final de una etapa.

En todo momento debemos de ser coherentes con nosotros mismos. Es más, sólo tenemos que ser fieles a nosotros mismos, no a las ideas de los demás. Esto es prostituirse, algo que todos hemos hecho en algún momento de nuestra vida. Pero, ahora toca recobrar nuestra dignidad y nuestro amor propio, lo que nunca debemos perder.

Una puerta se cierra y otra se abre. Un nuevo camino se extiende a nuestros pies. Si damos el primer paso, el camino aparece a nuestros pies. Estará lleno de incertidumbre, pero, es el que debemos de recorrer.

Vivimos aferrados al pasado, al apego, a lo que creemos bueno o que nos puede hacer felices. No descubrimos que somos nosotros los que nos hacemos felices a través del otro y, por lo tanto, también nos hacemos desgraciados. "El OTRO, SOY YO" ¡A ver si nos queda claro! Tal y como me trata, es como me trato yo; nunca me hace nada, sólo me hace de espejo.

Lo sabemos, pero no lo llevamos a la práctica.

El que nos toca el corazón, nunca sale de nuestras vidas; mora en lo sagrado para siempre.

Este momento es todo lo que hay

Por eso vive, ama, NO TEMAS NADA, haz lo que quieras hacer, sé libre, abandona el miedo e instálate en el amor.

El que ama, vive. El que teme... empezó a morir.

Dios no tiene opuestos. La vida siempre es vida.

No te dejes para mañana, aparta dudas y temores. Detrás de cada miedo hay un milagro, un tesoro.

Dedica más tiempo a lo que te da paz, a lo que te hace feliz. No esperes que las cosas vengan a ti, sal a buscarlas. Pide a la Luz que habita en ti que te muestre el camino.

Deja de quejarte y de vivir en el pasado. Deja de justificarte, ése no es el camino. Asume tu responsabilidad y supérate, no hay más.

No hay buena o mala suerte; hay causa y efecto y somos la causa de nuestros efectos. Si siempre haces lo mismo, obtienes los mismos resultados. Si siempre piensas igual, recibes lo mismo.

No importa qué pasó ayer, no te castigues por ello y no te sientas culpable, elige de nuevo. Lo malo no es caer, es permanecer caído.

No seas cómplice de los demás y no permitas que te hagan lo que tú no harías. Respétate, ámate, ten dignidad y amor propio; los que no se aman, enferman.

Tienes un ser humano a tu cargo... Tú.

Aceptar

Siempre recibes en la misma medida que aceptas. Aceptar algo, es un recibir. Por lo tanto, todo lo que aceptamos en nuestra vida lo estamos recibiendo.

Si aceptas que hay crisis, recibirás experiencias de crisis. Si aceptas que hay determinada enfermedad que te puede afectar, recibirás su visita.

Es muy importante tomar conciencia de todo lo que estamos aceptando en nuestra vida. Pues es lo que estamos recibiendo. Si aceptas que ya todo te ha sido dado, no te podrá faltar nada. Pero si por el contrario, aceptas que eres pobre, recibirás experiencias que te muestren que eres pobre.

Aceptar es simplemente recibir. Todo lo que creemos que es verdad, se vuelve verdad para nosotros, ha sido aceptado por nuestra mente. Así, determinadas cosas son aparentemente reales sólo para algunos, sin afectar a otros. Es nuestra aceptación lo que lo convierte en real. Si crees en algo, eso es real para ti y la vida hará todo lo posible para mostrarte lo que piensas y crees.

Simplemente proyectamos en el exterior nuestras creencias. El mundo actúa como una pantalla de cine, donde proyectamos todos nuestros pensamientos, que se han convertido en creencias.

Así que, si acepto que nunca seré nada en la vida, la vida tratará por todos los medios de mostrarme mi creencia. Por otro lado, si creo que no me puede faltar nada y que siempre voy a tener, la vida también me lo mostrará.

Dios, el Universo siempre dice "SÍ".

Conciencia

¿Quién soy?

La respuesta a esta pregunta va a determinar cómo vivimos esta vida.

Si pensamos que estamos separados de la Fuente y nos sentimos abandonados, viviremos desde el victimismo, viviremos en la escasez, el dolor, el sufrimiento, la pena, la soledad y la ausencia.

Pero si nos reconocemos como el Hijo Dios, sin límite, sin edad, sin tiempo, reconociendo que somos "Yo Soy el Hijo de Dios", que siempre hemos sido y siempre vamos a ser, hechos a su imagen y semejanza, el mundo se nos tornará como una extensión de nosotros mismos. Entendemos que el cielo sólo puede ser "aquí y ahora". Nos hacemos conscientes que este mundo no existe, es sólo una ilusión, que sirve para que aprendamos nuestras lecciones, y nada más.

Cada pensamiento que tienes, te lleva al infierno o al cielo; tú decides.

Aceptar significa recibir.

Cuando aceptamos qué y quién somos, dejamos de luchar, empezamos a fluir. Entendemos que somos, que formamos parte de este Todo; que ya todo nos ha sido dado. Que el amor es el premio, que dándolo es como lo recibimos. Que no tenemos que hacer nada, porque ya somos.

Tomar conciencia es despertar, salvarse o como lo queramos llamar. Hacerse consciente es contemplar el mundo de otra manera, con otros valores, donde yo soy la causa de todo lo que me ocurre. Por lo tanto, yo puedo generar las causas que me harán ver el mundo que quiero ver; me harán tener las experiencias que quiera tener. El mundo es como es, pero para nosotros, es como lo percibimos; por lo tanto, lo único que debemos hacer, es sanar la percepción. Si pienso que todas las personas son malas, eso será lo que encontraré en mi vida. Si pienso que son maravillosas, así lo veré.

El ego se siente solo, abandonado. Vive permanentemente en el miedo. El miedo le trae todo aquello que teme, vive en un círculo vicioso y se cree víctima del mundo, ignora su poder.

El Ser consciente, vive separado del miedo. Sabe que el miedo es caer en la tentación; no le da poder, lo quita de su atención. Vive enfocado en pensamientos positivos, en un estado de permanente alegría, entusiasmo y felicidad. Se sabe dueño de su mundo; por lo tanto, no teme nada. Se complace en reconocer la Divinidad en todo lo que le rodea.

Caímos en un sueño profundo y ahora estamos despertando. El exterior es sólo un reflejo de nuestro interior.

Dejemos de ser el gusano que se siente separado de la fuente y volvámonos a la mariposa que siempre fuimos.

A cada momento, estamos viendo nuestras creencias en el exterior. Si no te gusta lo que ves, cambia tus creencias. Si no te gusta lo que recibes, cambia lo que estás dando.

Para el ego, este es un viaje de muerte, de dolor, de sufrimiento, en el que no hay salida.

Para lo que Es, sólo existe la vida. Todo es permanente. La vida se renueva a cada instante. La luz, el amor, lo envuelven todo. La paz es el aroma que flota en el ambiente, la alegría forma parte de cada instante. La eternidad no es un tiempo, es un fluir con lo que Es.

El cielo no es un lugar, un sitio. El cielo es un estado de conciencia. No tenemos que morir, pues la muerte no existe. Tenemos que nacer a la conciencia de lo que realmente somos y que se halla en el aquí y el ahora, donde siempre estuvo.

No somos un cuerpo, somos espíritu-mente. Sin principio ni fin. Dios no creó la muerte, sólo la Vida. Abandonamos su casa y caímos en un sueño profundo del que ahora estamos despertando. Somos el hijo pródigo que ahora vuelve a casa. Este sueño se llama la dualidad. Quítale poder y desaparecerá, pues no existe.

Por lo tanto, de este mundo no se sale con la muerte, pues la muerte no existe. Sólo se sale con la Verdad.

... Y recordad, "LA VERDAD OS HARÁ LIBRES".

Eliminar el daño

Sólo cuando hemos eliminado el daño que llevamos dentro, nos volvemos verdaderamente útiles para los demás. El daño sólo es un conflicto, un sufrimiento, que genera la pérdida de la paz.

Si hay rencor no hay paz.

Un rencor, un resentimiento, es un juicio que hice a un hermano o a mí mismo. Este juicio me ata y me condena a mí. No tendré paz mientras haya rencor y resentimiento en mí. Seré esclavo de él.

Sin resolver nuestros conflictos, no encontraremos la paz. Todo lo que nos perturba, no es más que un conflicto sin resolver, algo que no afrontamos.

Detrás de todo problema hay una bendición. El problema es tan sólo una oportunidad de corrección. Si abusan de ti, es porque tienes que aprender a respetarte. Si no te respetas, no te respetan. Si permito el abuso, no seré víctima, seré cómplice.

En definitiva, toda situación es una oportunidad. Me está mostrando que debo aprender, que debo cambiar. No hay margen de casualidad. Ni buena o mala suerte.

Lo que no se aprende, se repite. No luchas contra el mundo, solo luchas contra ti mismo.

El otro, solo es un actor que te está ayudando a ver lo que no quieres ver. Es la oportunidad de ver en ti lo que no quieres ver y lo proyectas en él.

Mientras te quejas, no aprendes. Culpas a los demás, en vez de responsabilizarte de lo que te ocurre. Ves fuera el problema, cuando solo existe dentro.

Afrontar conlleva responsabilizarse. Auto indagarse, para ver que hay en mí, que da lugar a la circunstancia que vivo.

No hay causa ajena a nosotros. Todo el mundo externo, sólo refleja el mundo interno. Las circunstancias, los problemas, son por lo tanto oportunidades de corrección. (De perdonar)

Dejemos de lamentarnos de nuestra mala suerte. Entendamos que somos la causa del problema y por lo tanto la solución. No hay que cambiar lo que ocurre en la película, sino lo que ocurre en el proyector.

Si creo que no merezco, el mundo continuamente me dará la razón y viviré experiencias de no merecimiento. No hay causa ajena a mí.

Si no me respeto, veré continuamente experiencias de falta de respeto hacia mí. Todo habla de mí.

Si no me valoro, me sentiré desvalorizado. Mi cuerpo mostrará mi desvalorización. En mis huesos, mis músculos. La enfermedad hace consciente el inconsciente. Es una oportunidad de sanar la mente. Sana la mente, sana el cuerpo.

Aprendamos a ver posibilidades en todo lo nos ocurre. Veamos la posibilidad de aprender de corregir. No creamos en la mala o buena suerte, no culpabilicemos a los demás de lo que nos ocurre. Aceptemos la responsabilidad de ser los únicos causantes de nuestro mundo y circunstancias.

Todo es para nuestro beneficio. Sé que esto es duro de entender, pero es así.

En tu mente está la enfermedad y la salud

Temores, rencores, resentimientos, miedos, depresiones y la culpa, son abono de cultivo para todas las enfermedades, tú decides que mantienes en tu mente, porque luego lo manifestarás en tu cuerpo y en tu mundo externo

Fuera es sólo un reflejo que lo que hay dentro.

Si te amas... Te aman.

Si te engañas... Te engañan.

Si te hablas mal... Te hablan mal.

Si no te valoras... No te valoran.

Si no te respetas... No te respetan.

Como es dentro, es fuera.

Ten dignidad y amor propio. Empieza a cuidarte y tratarte con respeto y consideración. No te exijas, no te reproches y no permitas que abusen de ti.

Todo tu mundo depende de ti. Amarse es aceptarse. El que no se acepta vive en rechazo permanente. Se odia y menosprecia. Elegir de nuevo es darse una oportunidad. Soltar el pasado, bueno o malo y vivir el presente sin miedo al futuro.

Tenerse uno a sí mismo es el camino.

A donde sea, pero contigo

No busco un lugar, un sitio. No busco una posición económica. No busco una apariencia, un figurar.

Busco un estado de conciencia, que me lleva y me ancla en ti. Busco la paz del que te ha encontrado, del que está en paz consigo mismo.

Busco verte y reconocerte en todo y en todos. Busco saber que ya he llegado, porque sé que siempre estás donde yo estoy y siempre vas donde yo voy.

Busco la no lucha, la aceptación. Busco el perdón, sabiendo que no hay nada que perdonar, porque perdonar es simplemente rectificar la forma en la que he estado contemplando el mundo.

Busco no tener miedo, ni pena, ni dolor, ni sufrimiento; y sé que a tu lado, nada de esto existe.

A donde sea, pero contigo; pues contigo, todo está bien, todo se entiende. Tu bandera es la alegría, la felicidad. Este mundo no existe, no es real. Sólo la verdad lo es.

A donde sea, pero contigo; en ti creo, confío, vivo, me muevo y tengo todo mi Ser.

La vida loca, loca

Esta vida de locura, de queja, de dolor, donde el sufrimiento lo empaña todo, es una vida loca, loca. Aquí impera el egoísmo, la supervivencia a cualquier precio. El éxito es tener y no Ser. Aparentar.

No puede, ni debe ser la voluntad de la Fuente, (el Amor), que este sea nuestro destino.

Nacer, crecer, aprender y vivir una vida de suplicio, carencias y desasosiego; donde la enfermedad, la escasez y la lucha de la supervivencia envuelta en la creencia de que somos un cuerpo, sea nuestra forma de vida en el espacio- tiempo.

Más allá de esta vida que no es vida, tiene que haber otra vida. Otra manera de ver y de percibir todo. Vivimos aquí todo desde el miedo. Detrás de cualquiera de nuestros pensamientos, siempre está el miedo: el miedo a no tener, a morir, a envejecer o a enfermar; el miedo a estar solo, a enfrentarnos a nuestros miedos, miedo, miedo y más miedo, disfrazado de preocupación, de temor, de duda y de inseguridad. Este miedo nos separa de nuestra paz.

Todo ese miedo nos lleva a la vida loca, egoísta y cruel. Al ataque permanente y sobre todo a la culpa, la propia y la ajena, cuando en realidad son la misma.

Buscamos fuera algo que creemos que nos falta, vivimos en carencia permanente y nunca encontramos nada que sacie nuestra sed. Los apetitos del ego son siempre carnales, se basan en el intercambio, no en el amor.

Culpamos a los demás de aquello que no queremos ver en nosotros. Soñamos con que los demás, las circunstancias y acontecimientos sean a nuestra manera. Pensamos que si los demás cambiarán podríamos ser felices, no nos damos cuenta de que sólo estamos viendo fuera una manifestación de nuestro sistema de pensamientos y creencias inconscientes. Solo nos estamos encontrando con nosotros mismos y el único cambio posible es el interior.

Vemos y sentimos ataque por doquier. Vemos peligros y tragedias en todo. Juzgamos todo como bueno o malo y pensamos que nosotros no tenemos nada que ver con lo que nos ocurre. Hacemos siempre culpables de lo que nos ocurre a los demás y a las circunstancias y no aceptamos nuestra responsabilidad.

Nos olvidamos que nuestros pensamientos, creencias y programas inconscientes dan lugar a nuestra diaria realidad. El mundo mental es causa, la vida efecto. El pensamiento crea nuestra realidad. Si nuestro mundo está regido por el miedo todas nuestras vivencias serán semillas de ese miedo. Recogemos lo que sembramos. Somos responsables de nuestras propias decisiones.

Decimos buscar y querer la paz, pero vivimos en guerra permanente contra nosotros mismos. Siempre nos estamos juzgando y criticando. Nos hablamos mal, no nos perdonamos y nunca somos nuestra prioridad.

Creemos que ser nuestra prioridad es egoísmo, que ser honestos con nosotros mismos nos hace débiles. Cuando ser honestos es no engañarnos a nosotros mismos para no engañar a los demás.

Sólo cuando soy honesto conmigo mismo puedo serlo con los demás. Sólo cuando estoy en paz conmigo mismo, lo estoy siendo con los demás. Sanando yo, sano mi mundo.

Si me acepto, me amo y me valoro, seré comprensivo conmigo mismo, tendré amor propio y dignidad, dejaré de buscar fuera y de mendigar lo que creía que me faltaba.

Esta vida loca, loca que me quiere atrapar, quiere que viva en el miedo, la culpa y fuera del presente total, allí donde no puedo estar en paz.

Sin embargo siempre puedo asumir mi responsabilidad, elegir de nuevo y ver todo de otra manera.

Solo tú sabes tu destino

Solo tú sabes lo que te hace feliz. Y solo tú sabes lo que te eriza la piel o te llena el alma. Y más que nada, sabes lo que le hace sonreír a tu corazón.

No le hagas caso a la gente, fluye, vive. Y sé feliz. Porque tu vida la vives tú. Y nadie más que tú.

No hagas las cosas por los demás, eso es sacrificio, dar algo para condicionar al otro.

Se coherente contigo mismo, sólo puedes servir a un amo. La incoherencia lleva al conflicto. No busques nada fuera, ya todo te ha sido dado.

Acéptate y reconócete como uno con la Fuente... ese es tu lugar.

Vive, la vida está aquí, en el momento presente, en el instante. No en el pasado o el futuro.

Llénate de oxígeno y siente la vida, sonríe.

Mira el cielo, las nubes, el mar, siempre verás belleza.

Piensa en positivo, optimista y deja de quejarte para empezar a agradecer.

Bendice el mundo con tu mirada.

Y sobre todo siéntete pleno, íntegro y completo, porque lo eres.

Empodérate... Eres el espermatozoide que conquistó el óvulo. A pesar de todos los pesares llegaste hasta aquí. Si te hubieras rendido en aquellas horribles batallas, no hubieras vivido todo lo que viviste después. A demás no sabrías lo que ahora sabes.

Hazte un favor; habla bien siempre de ti y piensa bonito.

No dejes de caminar

No dejes de caminar, de creer y de confiar en ti. No dejes de pensar bonito y de tener fe.

No dejes de caminar, aunque no veas el horizonte, aunque llueva, aunque la pena te envuelva, no dejes de caminar.

El camino es parte de la vida y la vida sobre todo es enseñanza y aprendizaje.

El camino tiene cuestas, piedras y sorpresas inesperadas, pero también flores, ríos y lugares increíbles, si dejas de caminar no verás el bello atardecer que se encuentra tras las montañas.

No dejes de caminar, porque el camino te lleva ante aquello que debes aprender y superar.

Dar un paso más te puede dar la paz y la felicidad que anhelas.

En el camino encuentras, maestros, amantes, enemigos, ladrones, Santos y mentirosos, en realidad sólo te encuentras con una parte de ti mismo.

El camino no es ni bueno ni malo, es tu percepción la que te hará verlo de una manera o de otra.

Por todo ello no dejes de caminar y que la esperanza y la certeza caminen a tu lado. Trata de ser para los demás, aquello que quieres recibir y empieza por dártelo a ti mismo. Porque recuerda, si decides bendecir el camino y todo lo que encuentres, todo te bendecirá a ti y te vendrá de vuelta.

Agradece que caminas, que ves, porque el camino es vida y todo camino te lleva a la verdad.

"Caminante no hay camino, se hace camino al andar". Por eso no dejes de caminar.

Me llené de silencios

Cuando el vacío es duro y rasga el alma, cuando la soledad aprieta, me lleno de silencios.

Hay momentos en los que sólo vemos de una manera distorsionada, nada nos calma y todo nos cuesta. El dolor nos oprime y nos corta la respiración, vagamos perdidos y la tristeza es nuestra compañera.

Las peores tormentas parecen azotarnos. La melancolía se apodera de nosotros y nadie parecer entendernos; sólo llenarme de silencios, parece apaciguarme.

Todos pasamos por estos momentos, donde sentimos que las olas nos derriban y no podemos permanecer en pie, sentimos que nuestra paz está a diez mil kilómetros y siguen las olas revolcándonos.

En esos instantes, me calma llenarme de silencios, parar la mente, no prestar oídos. Luchar sólo refuerza aquello contra lo que luchamos. Los silencios me traen paz, me recuerdan que todo pasa.

Cuando me parece que pierdo, que para mí no hay, cuando me siento sólo y abandonado... me lleno de silencios.

El "no sé", está cada vez más presente en mi vida. Porque ya no sé qué es lo que más me conviene. La sabiduría me dice "déjalo ir; si es tuyo, volverá".

¿Por qué nos aferramos tanto a las cosas que creemos que nos harán felices, cuando nada en este mundo tiene esa facultad? Sólo nosotros decidimos que algo o alguien nos haga feliz.

Llenarme de silencios calma mi alma. Me recuerda quién soy; dejo de luchar y fluyo con la verdad que soy, y que no puedo dejar de ser.

Cuando el dolor, el miedo y la culpa aprieten... no luches; sólo llénate de silencios.

Que no me olvide

Que no me olvide que soy uno con Dios, en unión con mi hermano y con mi ser.

Que no me olvide que sigo siendo tal y como Dios me creó, que no puedo cambiar y que no puedo ser nada que no esté en orden con la verdad de Dios. Por lo tanto, no hay muerte, dolor, ni sufrimiento. No puedo enfermar, envejecer ni sufrir.

Que no me olvide que soy Su Reino, que es lo que siempre busqué y es lo que ya era, que sólo me quedé dormido y ahí creí estar separado, cosa imposible.

Que no me olvide que soy la Paz, la Felicidad y el Amor; que si no los veo o los siento, es porque me confundí con un personaje al que di poder; que recuerde siempre que "NO" soy ese personaje y que nada de él existe.

Que no me olvide que eres mi Padre y que soy tu Hijo, y que sólo puedo estar en ti.

Que no me olvide que mi hermano soy yo y que lo que le hago a él, me lo hago a mí; y que tal y como le veo al él, me veo a mí; que tal y como le percibo a él, me percibo a mí mismo; que, si le condeno en un juicio, me condeno a mí mismo; que, si le libero a través del perdón, me libero yo.

Que no me olvide que nadie me hace nada, que todo me lo hago yo, a través de los demás.

Que no me olvide que soy la Vida, la Verdad y todo cuanto corresponde a mi Padre.

Que no me olvide que soy Luz.

Que no me olvide que soy una Voluntad, y es la que comparto con Él.

Que no me olvide que soy pleno y completo; que no puedo perder nada y que no necesito nada.

Que no me olvide que estoy en un sueño y que nada de este mundo existe, ni está pasando; que no me olvide que sólo los pensamientos y actos amorosos tienen realidad aquí, y no se pierden.

Que no me olvide de mi valía que me fue dada en el cielo y de que no la puedo perder.

Que no me olvide que nunca puedo estar sólo, pues sólo puedo estar en Él; no hay otra posibilidad.

Que no me olvide de dar gracias por ser quien soy y porque ya todo me ha sido dado. ¡Gracias!

Que no me olvide de perdonar y soltar el pasado, de dejar ir todo aquello que ya no quiero en mi vida.

Que no me olvide que merezco todo lo bueno y santo, pues es mi herencia.

Que no me olvide que puedo elegir de nuevo, que no estoy condenado.

Que no me olvide que Él siempre está a mi lado, cuidándome y abrazándome con su Amor.

Que no me olvide que sólo soy amor, y nada más que amor.

Hemos de elegir

Hemos de elegir qué vida queremos vivir. Hemos de elegir desde dónde la queremos vivir.

Creemos que tenemos muchas posibilidades, pero en realidad son pocas. El Amor o el miedo, todo en definitiva se reduce a estas dos posibilidades.

¿Qué vida estoy viviendo y qué vida quiero vivir?

Hacemos cosas y no sabemos por qué las hacemos. Llevamos vidas que no queremos llevar. Realizamos trabajos que no queremos hacer y lo único que siempre estamos haciendo es justificarnos.

Hemos de elegir qué vamos a hacer con nuestras vidas. Siempre estamos posponiendo todo para un futuro que llegará o no llegará. Y olvidamos lo más importante… "La vida es hoy".

El Amor es Dios y su Reino. El miedo es la creencia de estar separado de la Fuente, de ser un cuerpo. El ego vive en el miedo, la culpa y el juicio permanente. Donde todo es preocupación, ansiedad, tristeza, desconfianza y temor; mucho temor a todo.

Vivir en Dios es confiar en su gracia infinita, en su palabra, es apartar la duda y el miedo. Sin miedo no tengo nada que temer. Donde no hay miedo hay confianza y fe. Siempre estamos eligiendo, conscientes o inconscientes entre el amor o el miedo.

El poder siempre ha estado en nuestras manos, no depende de factores externos, el mundo es efecto, la causa está en nosotros.

La vida que queremos vivir está al otro lado del miedo. El miedo solo tiene el poder que nosotros le damos. Solo nosotros nos podemos liberarnos de nuestros miedos. En definitiva, el miedo solo es un pensamiento. Busquemos el origen de ese pensamiento para poder desactivarlo. En última instancia… hay que afrontar el miedo, mirarlo de frente; nos daremos cuenta que no hace nada, porque no es nada. No es fácil ni difícil, es necesario hacerlo.

El amor solo se reconoce a sí mismo en todo, nada que no haya sido creado por el amor existe; el miedo por lo tanto no existe.

Es necesario que vayamos en busca de nuestros miedos cuanto antes, pues ellos están condicionando nuestras vidas. Preguntante… ¿Qué gano yo con este miedo?

Detrás de cada miedo está el miedo a morir. Pero la verdad que somos no puede morir, solo el cuerpo se queda aquí, como ropa vieja que ya no es útil. El último miedo a batir es la muerte. Se consigue cuando aceptamos y entendemos que Dios no tiene opuestos, la vida es siempre vida. Somos espíritu.

Hemos de elegir cuándo vamos a afrontar nuestra vida. Cuándo vamos a dejar de quejarnos y de justificarnos. Cuando vamos a abandonar el papel de víctima y cuándo vamos a sumir nuestra responsabilidad.

No podemos

No podemos esperar que otros nos acepten, si nosotros no nos aceptamos. Sentirnos queridos y valorados empieza con nuestra aceptación y valoración.

No podemos esperar que los demás nos den, lo que no nos damos a nosotros mismos.

El rechazo externo nos muestra cómo nos rechazamos nosotros.

Si no te respetan es porque tú no te respetas.

No hay nada fuera que no hable de lo que hay dentro.

El mundo externo es un espejo que me muestra la percepción que tengo de mí mismo.

Donde hay aceptación no hay rechazo. El rechazo muestra el juicio implacable y severo que me hago a mí mismo, mi auto exigencia. Cuando me juzgo y me condeno.

La condena muestra mi culpabilidad, la culpa exige castigo... Dolor, sufrimiento, enfermedad...

Lo bueno es que un cambio de percepción sobre mí mismo, lo cambiará todo.

Se alejó

Se alejó tanto del pasado, que ya no había dolor. Dejó de identificarse con aquella niña; la que no entendía, la que sólo veía y sentía dolor por todo.

Se alejó tanto del pasado, que la tristeza la abandonó; la pena y la depresión dejaron de mostrarle el camino, y se desvanecieron con su sonrisa.

Se alejó tanto del pasado, que ya no le dolía nada. Ya no había culpa, juicio, ni castigo. Ya no se condenaba ni a sí misma, ni a sus supuestos verdugos.

En el camino dejó de ver culpa en los demás, y en ella. Entendió que nadie le hizo nada; sólo su percepción y sus creencias habían conformado su mundo.

Sin culpa, no había a quién acusar; sin juicio, todo se veía de otra manera.

Se alejó tanto del pasado, que ya no se identifica con su personaje, ni con su historia.

Se alejó tanto del pasado, que se veía como otro ser; más libre, más feliz. Sus días empezaron a ser agradables, felices. Al no haber dolor, una sonrisa afloraba en su rostro de una manera natural. Los días eran alegres, los encuentros felices.

Se alejó tanto del pasado, que ya no le quedaban sombras. Donde antes era rechazada, ahora era bien recibida. Nada cambió, sólo ella decidió abandonar el pasado, soltarlo, dejarlo ir... sin resentimientos, sin cuentas pendientes.

Ahí descubrió que ella era la causa de todo, tenía el poder de decidir. No podía cambiar el pasado, pero sí verlo de otra manera y también podía soltarlo y... se alejó del pasado.

Sé feliz

Sé feliz con lo que tienes, con lo que haces, con lo que dices.

Sé feliz allí donde estés, con quien estés y donde vayas.

Sé feliz aunque llueva, aunque haga frío, aunque no tengas ganas.

Sé feliz, más allá del dolor del momento... todo pasa.

Sé feliz, es tu decisión; pasa lo que pasa, pero siempre podemos elegir cómo vamos a actuar al respecto.

Sé feliz, no para nadie, sólo para ti.

Sé feliz, la felicidad es hoy, es ahora. Mañana... quizás no llegue.

Sé feliz, para ello suelta y perdona el pasado, pasara lo que pasara. El perdón es para ti. Solo te haces daño manteniendo en tu mente lo que ya no existe. Deja de querer seguir teniendo razón, y elige ser feliz.

Sé feliz, aunque no llegue lo que esperas, aunque las cosas no sean como tú quieres... sé feliz.

Sé feliz, aunque esa persona no te haya elegido.

Sé feliz a pesar de que no te entiendan, no te escuchen y no comprendan tu dolor.

Sé feliz más allá de las circunstancias... siempre las habrá. Por lo tanto, nunca va a llegar ese momento en el que todo se compone, sé feliz más allá de lo que esté ocurriendo.

Sé feliz, porque siempre es ahora, no hay otro tiempo, otro momento. Hoy y ahora es el momento de ser feliz; si no lo eres, indaga para ver qué te impide ser feliz.

Sé feliz por ser quien eres; eres hijo de la felicidad, recuérdalo a cada momento. Viniste a ser feliz, no te pierdas en sueños e ilusiones externas; tú ya lo eres y lo tienes todo; quien te creó, te creó integro; te puso a tus hermanos, para que fueras feliz con ellos.

Sé feliz y una de las mejores maneras de serlo, es haciendo felices a los demás; no desde el sacrificio, sino desde el amor, desde la alegría y desde el no juicio. Ama... es el camino de la felicidad. Donde hay amor, no hay miedo; donde hay miedo, no hay felicidad.

Sé feliz, es tu verdadero camino; sonríe, baila, canta y siente que ese estado de alegría, paz y felicidad, es tu verdadero estado. Pon música que te haga sentir bien... deja que ese ritmo mueva tu cuerpo y entrégate a la felicidad... pues es lo que eres.

Sé feliz y harás feliz a los que te acompañan, a los que te quieren y a los que estén a tu lado... sé feliz.

Cerrar ciclos

No cierres el año sin soltar, sin dejar ir, sin liberar y sin perdonar.

Lo que no sueltas, lo arrastras; cargas con ello; da igual donde vayas, va contigo.

Aquello que no se ha sanado, no se ha corregido, viaja con nosotros. Los rencores y los resentimientos están cargados de sentimientos y de emociones, se impregnan en las células y hasta en el ADN; son dolores del alma, heridas abiertas.

Cerrar ciclos es cambiar y sanar la percepción. Es comprender y entender lo que ocurrió; es darnos la oportunidad de ver de otra manera. Nada puede cambiar, mientras no se entienda. El entendimiento es luz; y donde hay luz hay claridad, claridad mental.

Cuando comprendemos los por qué y los para qué, nos damos cuenta que sólo tenemos que perdonarnos a nosotros mismos. No hay más perdón que éste.

No soltar y querer tener razón nos mantiene de lleno en el conflicto. Los personajes y el cuadro parecen cambiar, pero el conflicto es el mismo.

Nuestra vida no fluye; enfermamos, tenemos conflictos con nuestros hijos y problemas de dinero. Todo ello no es más que un viejo conflicto sin resolver en nuestra mente. Es la oportunidad de elegir de nuevo, de tomar conciencia.

Nosotros somos el problema y nosotros somos la solución.

Revisar el pasado con otros ojos, sin juicios, nos libera.

Confía en tu sabiduría interior

Confía plenamente en tu Sabiduría Interior, en tu conexión con la Mente Universal y en una Conciencia Superior que guía tus pasos. Está en ti, no tienes que ir a buscarla. Si te aquietas lo suficiente, puedes oír su voz.

Todo llega en el momento preciso; todo lo que tienes que saber, te es revelado en el momento perfecto. Tu función es prepararte para ese momento. Siempre es ahora.

El pensamiento es la clave. Elige no juzgar, no criticar nada. Observa sin juicio.

Vive el momento; suelta el pasado. Si pones tu atención en él, lo tendrás en el presente y en el futuro. No te quejes si se repiten las cosas.

El futuro es sólo la continuación del presente. Resuelve tus conflictos y estarás en paz.

No busques fuera. Es dentro donde está todo. Fuera, sólo encontrarás sucedáneos que te desilusionarán.

Eres tú lo que estás buscando; la verdad que eres. La buena noticia es que ya eres esa Verdad. En el sueño hay dos posibilidades: una, es el ego y la otra, tu Divinidad; ambas están en ti. Tú decides quién dirige tu vida.

No eres víctima de nada, eres el hacedor del sueño, no hay nada ajeno a ti.

Si vives en el ego, vivirás la separación, la dualidad. La escasez y la necesidad serán tu vida y peregrinarás en busca de lo que crees no ser, ni tener.

Si te entregas a tu Divinidad y le das poderes, sentirás la plenitud. Sabrás que no puedes perder, que no necesitas nada; que lo eres todo y que el Todo forma parte de ti.

No seas mendigo, sé el príncipe que eres, el heredero del Reino de tu Padre.

Despertar con conciencia

Hay un nuevo despertar, una nueva toma de conciencia.

Tienes que aprender a re-conocer tu única identidad.

No es estar vivo, es ser la Vida.

No hay camino, tú eres el camino.

La Vida es aquí y ahora. Está por todas partes y en todo.

Todo es Uno, y todo forma parte de ese Todo.

No estamos separados de la Divinidad, y nunca lo hemos estado.

Simplemente estamos dormidos, soñando.

Despertar es simplemente hacerse consciente de que este mundo no existe, es maya, ilusión.

No somos cuerpo, somos espíritu.

Somos la Luz que nada ni nadie puede apagar.

Cuando tomamos conciencia de nuestra verdadera identidad, el mundo que vemos desaparece, para dar paso a lo que realmente Es.

No puedes ver dos mundos, porque sólo hay uno. El mundo real sólo se puede ver con el corazón.

El Hijo de Dios no tiene límites.

El camino más corto para pasar al otro lado, consiste simplemente en que abandones todos tus miedos y te entregues al Amor.

Aquello que buscas, está más cerca de ti que tus propias manos, que tu propia respiración.

Acepta quién eres y verás desaparecer el gusano y aparecer la mariposa.

Nunca estás solo, porque la verdad que eres, siempre está contigo.

Tienes que volver a nacer; como conciencia, como espíritu, con tu nueva identidad, que es la que verdaderamente eres.

El pasado no existe, sólo ha servido para que puedas reencontrarte con tu verdadera esencia y re-conocer lo que realmente eres. Perdona y olvida.

Tú eres el Reino De Dios.

Volví a tener unas inmensas ganas de ser feliz

Cuando me di cuenta... una vez más, que la felicidad no es externa sino interna. Que no depende de lo que ocurra en el exterior, de que te quieran, o no; de que tengas, o no; de que ocurra lo que quieres, o no...

Hemos basado nuestro mundo en el mundo exterior; hemos creído que nuestra paz y felicidad dependían de acontecimientos externos, y no es así.

La felicidad es un estado de paz y amor interno. Este triunvirato es uno. En realidad, donde está uno de los aspectos, irremediablemente, están los otros. Así, no puedo tener paz, si no tengo amor, y no puedo tener amor y no ser feliz.

Para ello, tengo que sanar mis conflictos internos, éstos son realmente los que me quitan mi paz. El mundo externo sólo es el reflejo de todos estos conflictos internos sin resolver.

Sólo debemos observar nuestro mundo y circunstancias externas para ver qué clase de conflictos internos tenemos. El inconsciente se hace consciente a cada paso en todo lo que nos ocurre... se rompe la lavadora, pincho la rueda del coche, se rompe la tapa del váter... Están hablando de mi mundo mental, sentimental y emocional; de incoherencias y de procesos del camino.

La enfermedad y el síntoma también hablan de este mundo interno.

No es fuera, es dentro donde debemos ver. No hay nada ajeno a mí. Todo habla de mí. Las personas con quien me encuentro, la relación que tengo con ellas, me muestran mi mundo interior y mi manera de percibir.

Vuelvo a tener ganas de ser feliz; es decir, tengo ganas de ver todos estos conflictos con claridad meridiana y quiero resolverlos. Solos nos cuesta mucho hacerlo; no por nada en especial, es falta de entrenamiento.

Tu vida

Tu vida no depende de lo que los demás digan. Tu vida depende sólo de ti. Hagas lo que hagas, nunca vas a tener contentos a los demás, por eso debes aprender a vivir para ti. Disfruta lo que haces, son tus decisiones y tus consecuencias. A los demás qué les importa si te equivocas, si aciertas. Tú encárgate de vivir tu vida.

Vive en coherencia; esto no significa que estés acertando, significa que te aceptas y te respetas.

Tu paz es tu mayor tesoro; que nada ni nadie te la quite.

No deposites tu felicidad en nada, pues te estarás asegurando la infelicidad. Nadie te puede dar lo que tú no te das. Comienza a darte todo.

Trátate con todo el respeto y consideración que puedas. Valórate y considérate; para Dios eres lo más importante y te acepta plenamente.

No te permitas un solo pensamiento de tristeza o desánimo, porque te arrastrará a la pena y la depresión.

Por el contrario; piensa bonito, alegre y feliz... notarás enseguida sus efectos.

No esperes nada de nadie, esto sólo trae desilusiones. No son los otros los que fallan, son tus expectativas.

Dedica tiempo a hacer lo que más te gusta.

No digas sí cuando es no; el sacrificio es veneno puro, y te pasará factura.

Escucha a alguien con atención, ya le habrás ayudado; en sus palabras encontrarás algo de ti.

Ama a todos, aunque no los entiendas. No quieras vivir sus vidas. Bendice y agradece.

Recuerda bellos momentos. Recuerda sólo lo mejor de lo que has vivido con las personas que han pasado por tu vida.

Haz lo que quieras hacer... ¿cuándo?... ¡hoy! Hoy es el día. Sólo te arrepientes de lo que "NO" has hecho.

Di a esa persona aquello que te callas... quizás mañana, no puedas.

Sólo hay una posibilidad... vivir la vida desde el miedo, o desde el amor. Tu elección marcará todo lo que te ocurra.

Yo me dedico a observar los conflictos de los demás y me resulta relativamente fácil; desarrollé la facultad, es sólo práctica; nada que nadie no pueda hacer.

Veo las creencias conscientes e inconscientes. Los juicios que hicimos. Cómo percibimos a nuestros padres y todo eso forma nuestra manera de ser y de reaccionar. Lo que no perdonamos (comprendemos), lo guardamos y se nos repite; nos quita la paz.

Si no sanamos todo esto, seguimos en el tío vivo de la vida, dando vueltas, repitiendo historias, trabajos y parejas. Todo viene a que tome conciencia, a que elija de nuevo. No es un castigo, es la oportunidad de sanar-amar.

Tengo unas inmensas ganas de bailar, de sonreír, de gritar, de ser yo, de quitarme mis miedos, mis perjuicios y mis creencias limitantes. Sólo yo puedo hacerlo.

No puedes pedir lo que tú no te das

No le puedes pedir a la Divinidad que haga por ti, lo que tú no haces.

No puedes pedir que te amen, si tú no te amas. Que te respeten, si tú no te respetas. O tener lo que necesitas, si tú no te lo das.

Demandamos cosas que no nos damos, y éste es el único motivo por el que no las tenemos. Entendimos mal y pagamos las consecuencias. Es dando como recibimos. Cierto, pero dándonos a nosotros mismos. "Amarás al prójimo como a ti mismo". Todo lo que le das a tu hermano, debes dártelo a ti mismo. Todo lo que haces por él, debes hacerlo también por ti.

Creemos que eso es ser egoísta. Nada más lejos de la realidad. La única persona que depende de ti, eres tú mismo. Por lo tanto, todo en tu vida depende de ti, no de factores externos. Tú te das, y tú te quitas. Si crees que no mereces, te quitas. "Ya todo me ha sido dado".

Le pedimos a la Divinidad cosas y no entendemos que ya todo nos fue dado. Pretendemos que cambie nuestro mundo, pero, nuestro mundo sólo lo podemos cambiar nosotros. La percepción que tenemos de nosotros, da lugar a nuestra vida tal y como la vivimos.

Sufro, estoy enfermo, no puedo con mi vida, vivo en sacrificio y no tengo paz. Éste es el reflejo de nuestras vidas. Y demando un cambio, quiero tener paz. Vivo como si yo no tuviera nada que ver con los acontecimientos de mi vida; y es todo lo contrario, yo soy la única causa de todo lo que acontece. *"No hay nada ajeno a ti"*

En mis creencias, programas inconscientes y sistema de pensamiento, está la respuesta a todo lo que parece ocurrirme. El mundo externo es sólo la proyección del interno. Tal como el hombre piense, así percibirá. Por lo tanto, es fundamental conocer este mundo interno.

Sentimos que nos engañan, nos traicionan, no nos respetan y sólo es un reflejo de cómo nos tratamos a nosotros mismos. El otro sólo viene a mostrarme cómo me veo y me percibo yo. *"Alégrate de tener tantos espejos en los que ves tu propia imagen reflejada"*

La enfermedad y el síntoma me hablan, me hacen consciente el inconsciente. Le pido a mi Santidad que me sane, creyendo que yo no tengo nada que ver con lo que me ocurre. Nada más lejos de la realidad, la causa está en mí. Por ejemplo; si tengo artrosis, me estará mostrando que no me valoro, es más, tengo una profunda desvalorización. Si tengo colon irritable, me muestra que me irrito por todo, que no asimilo mi vida, que quiero que las cosas sean como yo quiero y si no es así, me irrito.

La enfermedad viene a salvarme, a que tome conciencia. Nadie me hace nada, todo me lo hago yo. *"Es imposible que a un Hijo de Dios le ocurran cosas al margen de sus pensamientos"*

Lo que le pido a mi Divinidad es luz y entendimiento para sanar mi mente, para corregir el error de percepción.

El trabajo es con nosotros mismos. El cambio está en mí. El ego cree que es el otro, el mundo, las circunstancias o las situaciones, las que deben de cambiar; y eso es tan sólo efecto, no causa. La causa está en mí, en mi mente.

Aceptar nuestra responsabilidad, ya nos posiciona correctamente. Es el primer paso, es imprescindible en la sanación, corrección del error. *"Quiero ver". "Por encima de todo quiero ver esto de otra manera".*

Soy la causa de mi mala suerte, de mi enfermedad, de mi escasez, de que no me valoren, de que no me reconozcan. Y si soy la causa, soy la solución. No podemos pedir que sane nuestro cuerpo, pues no es el cuerpo el que está enfermo, es la mente la que está percibiendo algo incorrectamente. Sanando la mente, sanará el cuerpo. *"Podría ver paz en vez de ver esto".*

Si pienso y creo que no soy lo bastante bueno, que no merezco, que me tengo que conformar, es lo que voy a ver, pues es lo que me estoy dando. En verdad es tan sólo una percepción errónea acerca de mí mismo. Estoy haciendo real la información errónea que hay en mi mente, consciente e inconsciente. Debo cuestionar mi sistema de pensamiento, debo corregir mis creencias; casi todas, limitantes, del ego. Recibo lo que me doy. *"Todo lo que doy es a mí mismo a quien se lo doy". "Dar y recibir son lo mismo".*

Por lo tanto, no le puedo pedir a la Divinidad que me dé lo que no me doy. Debo pedirle que sane mi mente, que me haga ver de otra manera, que sane mi percepción. Me equivoqué y debo corregir, elegir de nuevo. *"Cada pensamiento que albergas da lugar a algún segmento del mundo que ves. Es con tus pensamientos, pues con los que tenemos que trabajar, si es que tu percepción del mundo ha de cambiar... De nada sirve lamentarse del mundo. De nada sirve tratar de cambiarlo. No se puede cambiar porque no es más que un efecto. Pero lo que sí puedes hacer es cambiar tus pensamientos acerca de él. En este caso estarás cambiando la causa. El efecto cambiará automáticamente".*

¿Por qué no te das una oportunidad?

Siempre te estás acusando, criticando y te estás sintiendo culpable. Da igual que pase, tú insistes en sentirte culpable y tu culpa nunca arregla nada. Sólo te enferma y genera sufrimiento.

Has decidido que la paz y la felicidad de los demás dependen de ti y eso es sólo una locura.

Suelta la vida de los demás, es eso, de los demás. Ellos son responsables de sus vidas.

No puedes ni debes cargar con sus vidas. Si puedes ayudarles a que se ayuden, a que se amen y se respeten. Quieres arreglar la vida de los demás y la tuya es un desastre.

Te acusas y te condenas, te exiges y te desprecias, no te respetas. Eso es lo que te das y es lo que los demás te traen. Te tratan como te tratas. Tienes que darte una oportunidad. Deja de ser tu peor enemigo, estás ausente de ti mismo.

Haces cosas por los demás que no haces por ti. Te dejas en último lugar, no te valoras, no te apoyas y no te respetas.

Suelta el pasado, malo o bueno, ya no existe. Vive, sólo existe este momento. Deja de esperar que los demás te den o te vean como tú no te ves.

Tienes que darte una oportunidad. Tienes que ser tu mejor apoyo, tu mejor amigo.

Mientras te juzgues tu dolor no acabará. Se benevolente contigo. Se comprensivo. Empieza a darte todo lo que quieres recibir. Háblate con cariño y respeto. Siéntete merecedor de todo. Dios ya te lo dio. Decir o creer que no mereces es escupirle en su cara, es soberbia por tu parte.

Aprende a recibir, a aceptar, a pedir ayuda. No esperes que los demás adivinen que quieres.

Date la oportunidad de entender que siempre hicimos las cosas lo mejor que sabíamos de acuerdo a nuestro estado de conciencia. Si ahora lo harías de otra manera es porque ahora tienes otro estado de conciencia. Eres otra persona. Todos cambiamos y crecemos. Corregir es de sabios, sólo el necio no rectifica.

Suelta la culpa el juicio y la condena. Empieza de nuevo. No te lamentes, hoy es un día nuevo. Mañana te lamentaras de lo que no hiciste hoy. Solo nos arrepentirnos de lo que no hacemos.

Date la oportunidad de soltar el pasado, de cambiar, de creer y confiar en ti. Tienes valores y ya hiciste cosas valiosas. Solo tú no ves lo valioso que eres.

Nada cambia si tú no cambias. Hacer lo mismo nos trae los mismos resultados.

Dios no se equivoca y solo crea belleza, perfección y seres valiosos. Tú eres su hijo. No lo olvides.

Quiérete

Hazte un favor... "Quiérete". Aunque duela, aunque no puedas más, aunque no sepas cómo... "Quiérete".

No es fácil ni difícil, es necesario. Si no te tienes a ti mismo, siempre estarás en carencia. La carencia es necesidad y la necesidad te llevará a hacer y decir lo que no quieres hacer ni decir. Deja de permitir, que te hagan lo que tú no les harías. Siempre estarás buscando que te den, aquello que tú te niegas; que te vean, que te acepten, que te valoren, que te aprecien y sobre todo... que te quieran.

"Quiérete" en defensa propia. Quiérete en silencio, a solas, pero quiérete.

No te quieres porque te juzgas, porque te condenas, por hay algo, que solo ves tú y que no te perdonas. Quiérete porque eso es mentira.

Todos nos equivocamos, todos cometemos errores. Todos fallamos, es solo parte del camino. Es parte de la enseñanza – aprendizaje, que es indispensable para el camino, nada más. No queremos ser conscientes de que la equivocación es necesaria y valiosa, no es buena ni mala. Bien entendida, obra para nuestro beneficio. Por eso... "Quiérete".

Nadie te juzga, nadie te condena, solo tú. Deja de hacerlo. Abandona el papel de víctima. Deja de hablar de lo que te hacen y hazte consciente de lo que permites. No eres víctima, eres cómplice. No te juzgues por ello, solo... "Elige de nuevo". Asume tu responsabilidad.

El mundo externo no va a cambiar, los demás no van a cambiar. Solo nos muestran que no queremos afrontar, que no queremos cambiar en nosotros. Hazte un favor…"Quiérete".

"Quiérete", no te dejes para después, para mañana. Llevas toda la vida esperando que te den aquello que te niegas. Quien se quiere no espera, no busca, no demanda. Se ve, se aprecia, se valora y no se juzga. Descubrió que solo se necesitaba así mismo.

Un día descubres que tarde o temprano llegará un momento, en el que no puedas más y que la única salida es dejar de juzgarte, dejar de exigirte y entender… "Que siempre hiciste las cosas lo mejor que sabias". Quien da lo que tiene, ya lo dio todo. También descubrirás que nadie te exigía, solo tú mismo.

"Quiérete", es la salida, es lo que siempre has buscado. Pero no te lo enseñaron. La culpa genera dolor, enfermedad y sufrimiento. La culpa es solo un juicio que te hiciste a ti mismo, nada más. Perdónate, libérate, deja de ser tu peor pesadilla, "nadie te hace nada, solo te lo haces tú a ti mismo".

Solo ves el "debe" y no ves el "haber". Es decir; solo ves tu errores, tus equivocaciones, tu auto exigencia, llevas todas las cuentas de tus fallos. Pero te niegas a ver todo lo bueno y santo que hiciste. Cuan útil fuiste a los demás, todo el apoyo que prestaste, eso para ti, no "existe". Te empeñas en ser injusto contigo. Hay un deseo aparentemente oculto de sabotear tu paz y tu felicidad. Te crees culpable y eso te negó el oxígeno de vida que te daría paz.

"Quiérete", te quita las penas, los dolores y las angustias. "Quiérete", adelgaza y rejuvenece. "Quiérete", porque te haces falta. "Quiérete" porque lo "otro" no te dio paz, más bien te la quito. "Quiérete" porque te hace sonreír, porque te libera, porque te lo mereces, porque lo vales… Hermano, ¡quiérete!

No te aferres a nada

No te aferres a nada de este mundo, porque nada de este mundo te va a dar aquello que buscas. Nada va a llenar ese vacío que tienes dentro.

Esta es la gran ilusión del ego, hacernos creer que hay algo ahí fuera que nos puede llenar, que nos puede hacer felices y que nos puede llenar de paz.

De las ilusiones lo que debes saber, es que te van a desilusionar. La ilusión es una esperanza basada en expectativas. Lo que la condena al fracaso.

Buscamos continuamente sucedáneos de la verdad, y solo la verdad nos puede llenar.

Por eso, no te aferres a nada de este mundo, es el mundo de la ilusión. No le des, a nada ni a nadie el poder de que te haga feliz, porque es una ilusión. No es el otro el que te hace feliz, es tu percepción y tu decisión. Pues hoy puede hacerte feliz y lo que hoy te hace feliz, mañana te hará desgraciado.

No hay nada ajeno a ti que te pueda sanar o enfermar, el poder radica en ti.

Aferrarse es apegarse, creer que ese algo tiene poder sobre ti. Es magia y la magia es ilusión.

Vivimos en un mundo neutro, nada de por si tiene poder, el único poder es el que tú le otorgas.

No te aferres a nada, disfruta de todo, ve a Dios en todo, porque Dios está en tu mente, ve todo con sus ojos, que solo ve inocencia y verdad.

Llénate de bellos deseos, de nobles verdades, de sentimientos amorosos y bondadosos... eso será lo que verás. Pero no le des a nada el poder de que te haga feliz, pues te hará desgraciado.

Elige pues saborear todo lo que hay en tu día. Sonríe a la vida y a todo aquel con el que te encuentres. Los que tienen que conocerse se conocerán, no hay posibilidad de error. Todo viene a enseñarte y a sanarte, todo encuentro es Santo. Es una oportunidad de corregir, de elegir de nuevo. Suelta y deja ir, lo que ya cumplió su función, bendice y ama, pero sobre todo agradece.

Aférrate solo a la verdad que eres, esa que no nace ni muere, aquella que no tiene opuesto. La verdad que no juzga, que solo ama, que no culpa sino que solo ve inocencia, aquella que te recuerda que sigues siendo tal y como Dios te creó.

Auto - Sanarse

Se sana quien le da permiso a su cuerpo para auto-sanarse. Quien dice; *"con esto no gano nada"*. Quien quiere dejar de ser víctima para aceptar su responsabilidad. Quien se desviste ante sí mismo y saca a la luz sus miedos, su sombra y es capaz de sostenerse la mirada, quien habla con su cuerpo y se pregunta, ¿para qué me sucede lo que estoy viviendo? ¿Qué me quiere decir la enfermedad y el síntoma? Y busca las causas y se anima a mirar desde las lentes de otros paradigmas.

Todo ocurre en la mente. El cuerpo simplemente refleja este conflicto.

La sanación se produce en el plano físico y emocional al mismo tiempo. Se produce en el pasado y en el futuro al mismo tiempo.

El secreto es vivir algo nuevo, decir lo nunca dicho, pensar lo no pensado, conectándonos con nuestro propio ritmo, nuestros propios tiempos y viendo lo que nos negamos a ver y aceptando nuestra historia sin rechazo, porqué todo fue como tuvo que ser.

No es un castigo. La enfermedad viene a sanarte, cuando tomas conciencia de tu incoherencia. Permítete ser tú, no vivas desde el sacrificio, desde el tengo qué, debo qué. Esto enferma.

Siempre es un conflicto en la mente, una división, una incoherencia. Enfermo porque no me permito ser yo.

Sin culpa no hay enfermedad. La culpa es un juicio que emitimos.

Ver de otra manera te libera, tomas conciencia. Aprendiste.

Nunca es tarde

Tu vida está en tus manos. No importa dónde estés ni lo que te haya sucedido. Puedes empezar a elegir conscientemente tus pensamientos y cambiar tu vida.

De cualquier situación triste, puedes hacer una melodía alegre. Tu percepción no es la verdad. Cambia la forma de ver las cosas y las cosas que ves cambiarán. El mundo que ves sólo es la expresión de tu mundo interior.

Lo único que nos causa dolor son nuestros pensamientos. No es lo que ocurre, es cómo lo percibimos.

Cuando el amor por ti es suficiente, no necesitas que alguien te ame, ya que con tu amor llenas cualquier vacío que puedas percibir.

Sólo somos responsables de nuestra vida. No podemos vivir la vida de los demás. El que lo intenta, enferma.

Por lo tanto, respeta el proceso de tu hermano. Tú no sabes qué es lo mejor para él.

Toda experiencia es una oportunidad que nos da la vida de sanar, corregir. No la desaproveches. "Aquellos que no aprenden nada de sus experiencias fuerzan al universo a que se las repita" (Jung). Elige de nuevo, desde el amor. Esta es la mejor elección.

Fija tu atención en lo bueno y santo que hay en tu vida. No en aquellas cosas que crees que te faltan. Aprecia y valora, vivirás otra vida.

Yo quiero...

Yo quiero que las cosas sean así, yo quiero que ocurra determinada cosa, yo quiero tener esto. Yo quiero que los demás sean como yo deseo. Yo quiero tener determinado trabajo... Yo quiero.

El yo quiero, nos quita la paz, nos frustra. Nos deprime. Creemos que todo debe de ser como nosotros queremos y esa es la causa de nuestra infelicidad, de la perdida de nuestra paz y de que siempre estemos deprimidos.

Creemos que el mundo, las personas y las circunstancias deberían ser como nosotros pensamos y esto hace que vivamos la vida sufriendo y amargados.

Detrás del "Yo quiero", está el querer tener razón. Queremos someter a todos a nuestro criterio, a nuestras formas y a nuestra manera de ver y entender la vida.

Si nuestra pareja, hijos y amigos, no cumplen con nuestras expectativas, sufrimos y nos defraudamos. Son nuestras expectativas en realidad, las que nos están causando sufrimiento. Nos desilusionamos.

Cuando "Yo quiero", me estoy condicionando.

Creemos que nuestra opinión, nuestra percepción es la correcta y esto es un grave error. Todo lo que no se ajusta a nuestra manera de ver y entender la vida está mal. No sufrimos por lo que pasa, sino, por nuestra percepción. En el "Yo quiero", está nuestra condena y nuestra frustración.

El "Yo quiero", me tiene prisionero. Debemos de soltar esa manera de ver y de interpretar la vida. Debemos de aceptar a los demás como son y no pretender cambiarlos. Pasa lo que pasa y nosotros "decidimos" como lo vamos a ver y cómo vamos a reaccionar. Por lo tanto, no es lo que pasa.

Si analizamos el motivo de nuestra depresión, veremos que siempre está el que las cosas sean como yo quiero y espero.

Aprendamos a ver las cosas y a los demás de otra manera. Aprendamos a dejar de tener expectativas. Abandonemos las ilusiones, que solo nos causan sufrimiento. Entendamos que cada uno está viviendo su vida y aprendiendo sus propias lecciones.

No pongamos nuestra felicidad en este mundo, ni sobre los hombros de nadie. La felicidad es una cuestión interna y no externa. No tiene que ver nada, con lo que se tiene, ni con lo que ocurre. Es tan solo una manera de ver y de estar en el mundo.

Cuando digo "Yo quiero", esto diciendo… yo espero, yo creo, esto tiene que ser así. Y todo eso me condena a sufrir y ser infeliz.

Suelta, libera a los demás de tus expectativas. Debes darte cuenta, de que aquello que te molesta en los demás, está en ti, por eso te molesta. Resuélvelo en ti y lo resolverás fuera. Deja que querer tener razón, deja de poner tu poder en los demás y en las circunstancias. Asume tu responsabilidad, no culpemos a los demás ni a las circunstancias. Seamos maduros emocionales.

Elige no esperar nada y acéptate, si no te gusta algo de ti, corrígelo.

Cuando no sepas qué hacer

Cuando no sepas qué hacer, sólo respira y agradece. Confía, no cedas al miedo, al temor. Siempre hay otra manera de ver lo que te está ocurriendo. No cedas al miedo, al pánico. No le des poder. Aquiétate... suelta... deja ir... ¿Qué sería lo peor que te puede pasar? El miedo es lo que mata más en el mundo.

Sólo respira... lenta y profundamente... ve hacia tu interior... al silencio... a la paz...

Deja de luchar, acepta. Sea lo que sea que te está ocurriendo... pero no te resistas. Simplemente enfócate en tu respiración... abandona toda intención de querer tener razón... sumérgete en tu paz, en tu calma.

Lo único que duele son los pensamientos. Si dejamos por un instante de pensar en algo, ya no nos afecta. Luchamos contra las cosas, los conflictos y lo único que hacemos es engordarlos. Nuestra mente no los resuelve... y poco a poco nos sentimos consumidos.

Cambia... entrégalo al universo y desentiéndete... ríndete a la verdad, que es...

Reconoce que no sabes y, por lo tanto, nada vas a lograr. Hay en ti una verdad que lo es y lo transciende todo y sólo te dice... "Confía en mí". No tienes que confiar en ti, ni saber cómo, cuándo, dónde... sólo confía. Eso es todo. Siempre hay una salida. Todo pasa.

El pasado ya paso, no me puede afectar

El pasado ya pasó, ya no existe, ya no me puede afectar. El pasado no existe, no está en ningún lado excepto en la mente. La buena noticia es que el pasado no tiene ningún poder más que el que queramos otorgarle. Es decir; soy yo y sólo yo el que tiene el poder de revivirlo y de olvidarlo. El pasado como tal no tiene ningún poder. Esto nos tiene que posicionar claramente.

Por lo tanto soy yo y únicamente yo el que trae el pasado al presente y lo revive. Curiosa palabra "revive". Revivir es volver a vivir. Es decir me estoy haciendo a mí mismo pasar por una situación que ya no existe. Si me maltrataron, soy yo el que ahora se maltrata reviviéndolo. ¿Qué estoy haciendo?, sin duda esto es locura.

Si vuelvo al pasado queriendo cambiar o des-hacer algo, también me estoy equivocando. No puedo cambiarlo, sólo aceptarlo y perdonar lo que pareció pasar, pues en realidad, sólo tengo mi percepción. El pasado que recuerdo son mis propios pensamientos acerca del pasado. Mi percepción.

Quizás me sienta víctima y quiera una compensación o quizás quiera justicia. Todo esto no me proporciona paz, más bien al contrario, me la quita. Perdona y olvida, si no como vas a vivir en paz.

"Sólo mis propios pensamientos pueden afectarme". Sólo mis pensamientos son la causa de mis sentimientos. Esa es la causa. El Curso dice que finalmente tenemos que aprender que nada de fuera de nuestra mente puede afectarnos; que el pensamiento es lo único que existe. Todo lo demás es efecto del pensamiento, no la causa de nada.

"No hay nada externo a ti". Esto es lo que finalmente tienes que aprender.

El pasado no existe, no está en ningún lado excepto en la mente. La buena noticia es que el pasado no tiene ningún poder más que el que queramos otorgarle. Nos afecta en la medida que le damos poder. Cuando perdonas es a ti a quien liberas. El otro tendrá que vivir sus propias enseñanzas.

Una vez más el "Curso" nos hace ver que tenemos el absoluto poder en nuestras manos. Tú decides. "¿Qué prefieres, tener razón o ser feliz?"

Por el amor de Dios suelta el pasado, ya pasó, no existe. Es a ti y únicamente a ti a quien estás hiriendo.

El fin del camino

Al fin del camino se halla la puerta que te lleva a casa.

Que nada ni nadie te quite tu Paz. Mientras no te perdones, seguirás luchando con tus miedos, con tu pasado, y no encontrarás la Paz.

Sólo cuando te amas a ti mismo, tu Mundo se ordena y armoniza.

Todo lo que acontece en tu vida es el reflejo de tus creencias. Para que cambie tu mundo, deberán cambiar tus creencias.

Ser uno con la naturaleza, es Ser uno con todo. Todo forma parte de la Unidad y no hay nada fuera de Ella.

Apreciar la Vida es comprender que todos somos Uno, que no hay división posible.

Para encontrar el reino de Dios no es necesario ir a ningún lugar. El reino de Dios siempre está dentro de nosotros y la puerta que da acceso a este reino es el Amor. Cuando aprendemos a amarnos a nosotros mismos, empezamos a reconocer nuestra Divinidad.

El exterior siempre manifiesta nuestros conceptos y creencias. Si queremos cambiar lo que vemos fuera, tenemos que cambiar lo que hay dentro de nosotros. El exterior es sólo un reflejo de nuestro mundo interior. Así, el ladrón sólo ve ladrones y el santo sólo ve santos.

La mejor manera de encontrar a la Divinidad dentro de ti, es aquietarse, relajarse y navegar hacia nuestro interior profundo, más allá de la forma, lugar donde mora la Divinidad. Pero, recuerda, que todo siempre es un estado de conciencia.

Contemplar es el acto a través del cual fijamos nuestra atención sobre algo y nos hacemos uno con lo observado.

El universo siempre nos trae aquello que le pedimos. Cuando fijamos nuestra atención sobre algo, lo estamos atrayendo a nuestras vidas. Si en tu vida hay quejas, mal humor, miedos, dudas... ¿Qué estás atrayendo?

Sólo tú gobiernas y diriges tu Vida. Donde pones tu atención, allí estás tú.

Sólo hay dos maneras de vivir la vida; con amor o con miedo, tú decides. Si temes algo, lo encontrarás en tu vida. El miedo crea lo que se teme.

Nada que no aceptes en tu mente podrá aparecer en tu Vida. Observa donde pones tu atención.

Nada es bueno ni malo. El pensar lo hace así.

Hay tantas cosas bellas en la vida, por lo que, por qué fijar nuestra atención en aquellas que no nos aportan nada y por el contrario nos perjudican. El amor crea situaciones amorosas, el miedo crea situaciones de temor.

La Vida es este instante que conviertes en el cielo o en el infierno.

Hoy tienes la oportunidad de hacer feliz o desgraciados a los que te rodean...

¿Qué vas a hacer?

El fin del camino, es el final del sueño; es cuando reconocemos quién verdaderamente somos. Éste es el segundo advenimiento, donde el hijo de Dios se reconoce a sí mismo y reconoce al Padre.

No te dejes para mañana

Tu paz es lo más importante y tu paz solo depende de ti.

Todas tus reacciones dependen de ti, de nada más. Es tu manera de reaccionar ante las circunstancias de la vida, lo que te quita tu paz.

Sanar tus conflictos te trae paz. Todo lo externo, solo nos muestra nuestro mundo interno. La solución no está fuera, siempre está dentro.

La paz no consiste en que todo sea como yo quiero y deseo. Precisamente esa manera de pensar es la que nos quita la paz.

Aprender a ver y entender la vida de otra manera, es lo que nos da paz. Siempre hay otra manera de ver.

Todo lo que nos altera de los demás, está hablando de nosotros. Es la oportunidad de ver y de indagar en nosotros para corregir. Todo lo que me molesta del mundo externo, habla de mi mundo interno.

La paz depende de nuestra manera de ver y de percibir.

Cada uno está viviendo sus propias experiencias y circunstancias. Detrás de cada una hay una lección que aprender. Algo que perdonar y algo que sanar.

Ser consciente de esto nos tiene que hacer que entendamos que la solución a los problemas de los demás no está en nosotros, sino en ellos. Ayúdale a que se ayude.

No te dejes para después, no puedes dar lo que no te das. Tu función es sanar todo lo que hay en ti y te quita la paz. Tu prioridad eres tú.

Todo está bien

Amor es sólo una palabra. Tiene una vibración, un significado, pero... hasta que no lo sientas, no lo vivas, será sólo eso, una palabra.

Aparta la mente errada y abre tu corazón.

No pasa nada, todo está bien.

Hoy es el día que estabas esperando.

Decide qué melodía quieres que salga de tu corazón.

El espejo sólo refleja lo que llevas en tu interior.

Vayas a donde vayas, lleva alegría, esperanza y eso será lo que encontrarás en tu camino.

Hacer lo que nos gusta nos hace felices, simplemente porque lo hacemos con amor.

Mantén en tu mente pensamientos de alegría y de esperanza, que te mantendrán vivo.

Cuando compartimos el bien que llevamos dentro, crecemos más, sentimos más, expresamos más.

Vive, disfruta cada momento, cada instante. Como algo único e irrepetible, como si fuese el único momento que existe.

En tus manos tienes el don y la oportunidad de hacer que todos los que te rodean vibren con lo mejor de ti mismo.

Regala cada día, a toda persona que se cruce en tu camino, tu mejor sonrisa.

Todo le llega al que sabe esperar. *"Resultados inmediatos tendrá, el que tenga paciencia infinita"*. Recuerda que todo ya nos ha sido dado.

Alégrate si llueve, alégrate si hace sol, alégrate si es de día, si es de noche, porque no hay nada bueno ni malo, somos nosotros con el pensamiento, los que lo convertimos en bueno o malo.

Abre tus manos para recibir con alegría todo lo que llega a tu vida. Agradece desde el corazón.

Todo tiene quien todo da. Lo que Dios te ha dado, no te lo pueden quitar.

Toma lo que la vida te da.

Emprende tu camino, con fe, con alegría. Siempre encontramos lo que buscamos, si lo buscamos con el corazón.

Sigue a tu corazón y encontrarás la luz.

No mires hacia atrás. Lo que ya pasó en tu vida, ya no existe. Sólo si miras hacia adelante podrán aparecer nuevas cosas en tu vida. El que se ancla en el pasado, muere, pues vive en algo que no existe. Sólo existe el ahora.

Pon amor en todo lo que haces y despreocúpate de todo lo demás. Si pones amor en todo lo haces, estarás haciendo todo con Dios, pues Dios es Amor.

Despierta ahora

¿Cuánto tiempo crees que te queda de vida?

¿Qué piensas hacer en ésta vida?

Estas preguntas son las que todo el mundo conoce y tiene en mente, pero, prefiere apartarlas, alejarlas, porque siente que le causan dolor. Vivimos como si este viaje, aquí, fuera para siempre, olvidando que hoy estás y mañana no. Dejamos las cosas para un futuro que nunca llega o cuando llega ya no estamos en disposición de ejecutar todo aquello que queremos hacer.

Sólo nos arrepentimos de las cosas que no hacemos. Nos pasamos la vida con justificaciones para no hacer lo que verdaderamente queremos hacer. El bloqueo siempre está en la mente.

Hoy, es siempre el día para hacer lo que queremos, para quitarnos miedos. Hoy, es el momento que estábamos esperando. No pienses en lo que te impide intentar lo que quieres, céntrate en lo que quieres. El Universo siempre conspira a nuestro favor.

Sé el ser que quieres ser. Di lo que piensas, haz lo que anhelas.

Haciendo todo esto, vivirás en paz y morirás en paz.

Todo depende de tu percepción

Vale tanto tu determinación como tu inteligencia. No importa lo que te ocurra en tu vida, porque tienes la capacidad de elegir tu reacción. Tu actitud lo cambia todo. El que quiere hacer algo ve posibilidades, el que no, encuentra excusas.

Así que busca lo positivo de cada situación y ofrece lo mejor que hay dentro de ti.

Elige, busca, decide mirar y aprovecha sólo lo mejor. Cuida y observa tus reacciones, tu puedes elegir como reaccionas ante cada situación, de ti depende. Dos personas pueden vivir la misma situación y vivirla de una manera totalmente distinta. Nunca es lo que pasa, es cómo decides tú reaccionar.

Una buena enseñanza es eterna y su verdad es universal. La Verdad siempre está en ti. Confía en ti y sobre todo en la Verdad que eres.

La luz y el amor siempre están en ti. Somos hijos de la Fuente y la Fuente siempre está en nosotros.

El miedo, el temor nos limita, nos aparta de nuestros deseos. La duda es miedo. El que confía no teme y en esa confianza está su victoria.

Nunca puedes perder. Todo es siempre enseñanza - aprendizaje. Si aprendes, nunca pierdes.

Solo sostén pensamientos positivos, constructivos y edificantes, espera lo bueno y lo bueno vendrá a ti. No te juzgues ni te critiques, eso te enferma y deprime. Siempre puedes ver todo de otra manera.

Si te equivocas, aprende. Eso es todo.

Deja de lamentarte por el pasado o por lo que pasó. Si tu atención está ahí, ahí estás tú y te pierdes el hoy, la vida. Suelta y deja ir, dándole vueltas no resuelves nada y pierdes tu paz. Tu paz no tiene precio. No te la quites.

Deja de condenarte

Deja de juzgarte, criticarte y condenarte. Deja de hablarte mal, de no confiar en ti, de ser tu peor enemigo. Siempre estás condenándote por lo que no hiciste, por lo que hiciste, por lo que permitiste, por no respetarte...

Todo esto te hace sentir culpable y la culpa exige castigo, dolor y sufrimiento. Por más culpa que cargues y pagues, "nunca tienes paz". La culpa es del ego, no es de Dios. La culpa nunca trajo paz a nadie.

Llevas toda la vida así, y sólo has conseguido dolor y sufrimiento. Y además enfermaste. Por lo tanto, debe de haber otra manera. *"Esto no tiene por qué ser así".*

Olvidaste que eres el Santo Hijo de Dios. No el personaje que forjaste. Te confundiste con él y con su historia. Tú eres hijo del Amor, por lo tanto eres Amor.

Has venido a ser feliz, a tener paz. Si esto no es así, hay errores en tu mente de percepción. Te viste y te trataste como Dios no hubiera hecho.

El error siempre está en la mente y es un error de percepción. Te sientes solo, incomprendido. Crees que no eres lo suficientemente bueno, que no vales y que no mereces. Y como crees y piensas eso de ti, es lo que proyectas en el mundo y es lo que recibes. Aquello que das, es lo que vas a recibir. La imagen que tengas de ti mismo es lo que te estás dando.

Por lo tanto, deja de verte como Dios no te creó. La clave es aceptarnos y si no nos aceptamos es porque mantenemos un juicio inquisitorio contra nosotros mismos. Dejemos de juzgarnos.

Acéptate con tu pasado, bueno o malo. Entiende que las cosas no pudieron ser de otra manera. Deja de condenar a los demás pues al hacerlo te condenas a ti mismo. Mientras no te aceptes, no te podrás amar, respetar y considerar valioso. Sólo te condenas tú y sólo te liberas tú.

El trato que te das, es el trato que recibes. Olvidaste que eres el hijo de Dios. Y que Dios te acepta tal y como eres, Él no te juzga; no lo hagas tú. Cuando te juzgas y te condenas, estás condenando a un hijo de Dios.

El Amor es siempre la respuesta. Empieza a amarte, a tratarte con todo el cariño, a ser benevolente contigo mismo.

Las enfermedades de los huesos nos están mostrando una profunda desvalorización de nosotros mismos. Es un juicio condenatorio que nos hacemos. Hay culpa en nosotros y la culpa se manifiesta como dolor y enfermedad. Es hora de cambiar la manera en la que nos vemos y nos tratamos.

Empieza a darte todo lo que siempre quisiste recibir, empieza a tratarte como siempre quisiste ser tratado. Quien no se ama, no va ser amado. Da igual, sea cual sea, la herida de tu infancia; da igual todo lo que pasó. Eres tú y sólo tú quien mantiene esa herida abierta. Eres tú quien se está crucificando todos los días. Deja de ser cruel contigo mismo.

Despertemos y hagámonos conscientes de que no hay nada ajeno a nosotros. La causa de todo lo que ocurre en nuestra vida, somos nosotros. Estoy recibiendo lo que me estoy dando... odio, juicio, crítica, mal trato...

También puedo darme cariño, comprensión; ser generoso conmigo mismo, puedo inclusive hablarme bien, considerarme valioso.

Tenemos un gran poder, ejecutémoslo desde el Amor. Abandonemos la crítica y el miedo.

Vivir en el presente

Vivir en el presente significa no cargar ningún equipaje emocional de un instante del tiempo al siguiente. Cada instante es único y no puede ser duplicado.

Es nuestra elección si cargamos nuestros miedos, conflictos, rencores y resentimientos, éstos nos impiden avanzar y nos pueden hacer enfermar.
No podemos avanzar si no resolvemos nuestros conflictos. Sólo nos enferma nuestra manera de percibir.

Soltar y dejar ir nos da paz. Mantener una situación del pasado en el presente nos limita y condiciona. Estamos donde esta nuestra mente, donde está nuestra atención y eso mismo lo ponemos en nuestro presente.

No se trata de olvidar, el inconsciente no olvida. Se trata de ver de otra manera. Somos la causa del conflicto, nunca está fuera, siempre dentro. Si lo ves fuera no lo puedes resolver.

El cerebro y el inconsciente, no distinguen si nuestros pensamientos son reales o imaginarios, reaccionan cómo si fueran verdad. Elijamos que ponemos en nuestra mente.

Si observamos nuestra mente, nos daremos cuenta de que entra en un bucle de pensamientos anteriores. Reviviendo situaciones del pasado o quizás temiendo un posible futuro. Debemos de desarrollar la figura del observador. Ésta nos ayuda a gobernar nuestra mente.

Un pensamiento me puede dar paz o me puede causar dolor, sufrimiento y sólo es un pensamiento en mi mente, una creencia. Elijamos pues donde ponemos nuestra atención.

No sufro por lo que ocurre, si no por cómo reacciono ante ello. Debo recordar que siempre puedo elegir de nuevo, que siempre hay otra manera de verlo todo.

Cuando aprendo a ver las cosas de otra manera, todo cambia.

Haz el camino a la inversa

Acéptate, para que te acepten.

Ámate, para que te amen.

Respétate, para que te respeten.

Valórate, para que te valoren.

Compréndete, para que te comprendan.

Escúchate, para que te escuchen.

Abrázate, para que te abracen.

Perdónate, para que te perdonen.

Quiérete, para que te quieran.

Tenemos que empezar por nosotros mismos, pues tal y como nos veamos y tratemos a nosotros mismos, así lo va a hacer el mundo. El mundo sólo es un reflejo de nuestro mundo interior. No hay que cambiar lo de fuera, sino lo de dentro.

El cambio, es el cambio de percepción que tenemos que hacer sobre nosotros mismos. Dejemos el personaje que creemos ser, abandonemos sus creencias y programas del pasado. Suelta el pasado y todo lo que aparentemente ocurrió, si no, seguirás siendo su prisionero. El pasado no lo podemos cambiar, pero, sí la percepción que tenemos de él.

No quieras seguir teniendo razón, elige ser feliz. Elige amarte y comprenderte, elige liberar a los demás del papel que les otorgaste. Si liberas, te liberas; si condenas, te condenas.

La culpa sólo es una manera de ver, de percibir. Percibe inocencia y verás inocencia por todas partes.

El poder está dentro, no fuera. Corrige tu mente, tus pensamientos y sana todas esas creencias limitantes... tú no eres eso... eso, no es verdad.

Deja de identificarte con todo eso. Es una mala película del pasado... si no sueltas, sigues ahí. Y el universo recreará ese pasado con otros personajes, en otras circunstancias; pero el resultado será el mismo. Tú y sólo tú lo puedes corregir (perdonar).

Dejemos de responsabilizar a los demás y al mundo de lo que nos pasa y empecemos a ser honestos, sinceros con nosotros mismos y aceptemos nuestra responsabilidad.

Suelta, ámate, libérate... hazte ese favor.

Hoy por fin, te perdono

Te perdono, pues ya no quiero ser prisionero del pasado, del dolor, del rencor y del resentimiento.

Me hiciste sufrir tanto. Siempre haciéndome creer que no valía, que no servía, que no era lo suficientemente bueno.

Tus palabras me hirieron tanto, me arrinconaban en el cuarto oscuro de mi soledad. Lloraba y lloraba, de una manera desconsolada. Cuanto dolor y cuanto sufrimiento.

Me hiciste sentir insignificante y sin salida. Me hacías sentir culpable por cualquier cosa. Si hacía, por hacer y si no hacía, por no hacer.

Siempre estaba tu juicio implacable, que me recordaba que para mí no había, que yo me tenía que conformar, que no merecía.

Cuando años sufriendo el rechazo y el abandono, esperando que me vieras y me trataras de otra manera. Apenas podía mirarte a la cara, mis ojos caían buscando el suelo.

Un día decidí que ya no podía más, decidí enfrentar mis miedos, decidí que esto no tenía por qué ser así y decidí que tenía que haber otra manera de ver las cosas.

Ese día me armé de valor. Aunque temblaba, decidí mirarte a los ojos y no apartar la mirada, decidí afrontar… y allí estabas tú, contemplando como siempre, con la espada del juicio en tus ojos. Me había jurado no dejar caer mi mirada una vez más, y tembloroso, sostuve la tuya.

Allí estabas, frente al espejo. Paré para decirte "se acabó". Dejo de escuchar tus críticas, dejo de creer que no sirvo, que no valgo, que no soy lo suficientemente bueno; que me tengo que conformar, que para mí no hay... Nada de eso es cierto. Sólo me acuso de habérmelo creído hasta sentirlo como la gran verdad. Pero no me siento culpable de ello. Creer todo eso me impidió estudiar, tener un mejor empleo, tener una mejor compañera de camino. Me limitó hasta la saciedad. Nada de eso era verdad, sólo creencias alimentadas por mí mismo.

Comprendí que el único juicio, es el que yo me hago, y si cambio el juicio y las creencias que tengo de mí mismo, puedo cambiar todo en mi vida. Ya no me juzgo, ni juzgo a los demás.

Como yo me veía y me trataba, así me veía y me trataba el mundo. El mundo sólo es un reflejo de la imagen y de la percepción que tengo de mí mismo, nada más.

Por lo tanto, hoy me perdono, siendo consciente que... "todo me lo hice a mí mismo". Me condenaba y hoy me libero. El perdón me hace libre, lo anula todo, incluso la culpa que quiere seguir juzgándome.

Sólo existe este perdón, pues todo se deriva de la aceptación de que soy yo y únicamente yo el que se hace todo. Los otros son espejos que proyectan la imagen que tengo de mí mismo.

Bendigo el perdón y la luz que me trajo. Soy un ser tan maravilloso como mi creador me hizo. Verme o percibirme de otra manera, es lo que llamamos pecado. El pecado no existe, pues lo que Dios hizo no puede cambiar. Mi error fue que creí que sí podía ser de otra manera, nada más lejos de la verdad.

Gracias Padre por el perdón que me libera de la falsa percepción.

El ser humano y su destino

Todos somos energía, cada uno de nuestros pensamientos, sentimientos o palabras son energía en acción, están vivos. Salen vibrando de nosotros con la calificación que le dimos.

Tanto si piensas bien como si piensas mal, acertarás... Es lo que piensas.

Nosotros determinamos y decretamos como la energía, la vida va a actuar para nosotros. La Energía está obligada por Edicto Divino, a la absoluta obediencia a la voluntad y comando del ser humano.

Toda causa tiene un efecto, todo efecto tiene una causa. Los efectos producen causas.

Somos la cusa de todo lo que nos pasa y somos los directores de nuestra propia vida.

En la vida no hay premios ni castigos, solo consecuencias.

Donde está tu atención, en eso te conviertes.

Aquello en lo que pones tu atención, lo atraes a tu corriente de vida, para tu propia actividad y uso.

Cuando permites que tu atención se fije en algo, en ese momento le estás donde el poder de actuar en tu mundo, es decir que no puede existir una cualidad o una apariencia en tu mundo sino aquella que tú mismo le des.

Cuando focalizamos nuestra atención sobre algo en concreto, estamos derramando todo el Poder de Dios para que esto se manifieste en nuestras vidas y si mantenemos la concentración el tiempo suficiente veros el resultado.

Si tu atención está en el dolor, el sufrimiento, la escasez, la crítica, la pena, el miedo... Etc. ¿Qué atraes a tu vida?

La realidad en que vivimos la creamos nosotros a través de nuestros pensamientos-sentimientos. Pensamos lo que pensamos porque nuestros pensamientos están basados en nuestras creencias.

Todo es ley, todo es principio inquebrantable. El Universo no tiene favoritismos. Tu éxito y felicidad dependen de leyes y principios naturales. Y de la manera en que los apliques.

Tu vida es un reflejo exacto de tus creencias. El observador crea la causa en la forma en que la observa. Como tú ves una situación, hace que la vivas de una manera o de otra. Por lo tanto, no hay nada bueno o malo, el pensamiento lo hace así.

Lo que tú crees que son las cosas, eso van a ser para ti. El Universo se esfuerza en darnos lo que creemos. Todas las posibilidades están delante de nosotros.

¿Por qué vivo en esta realidad? Justifica tus limitaciones y las tendrás.

Tenemos que aprender a pensar, no hacer juicio, dejar de ser víctimas. La victima da el poder a otro.

Para que el campo cuántico (la Vida) se manifieste como coherente, es imprescindible que el observador este en coherencia. Estar en coherencia es; pensar, sentir y hacer, la misma cosa.

El juicio que hacemos, siempre es contra nosotros mismos. Cuando condenas, te obligas a vivir tu condenación. Nos atamos a las experiencias que vivimos por el juicio que hacemos de todo.

Como decía William Shakespeare
"El destino es el que baraja las cartas, pero nosotros somos los que jugamos. Por eso el porvenir de un hombre no está escrito en las estrellas, sino en la voluntad y en el dominio de sí mismo".

La vida es como una pompa de jabón

La vida es como una pompa de jabón; en cualquier instante se desvanece.

Vive al máximo cada día.

No te pongas límites.

Disfruta de los detalles, del presente.

Valórate y dedícate tiempo, cuida de ti.

No pospongas nada, no hay mejor momento que ahora.

Vive sin esperar nada.

Acepta la situación, no es resignación.

Bendice por lo que tienes, olvida aquello de lo que crees que careces.

Agradece desde lo más mínimo a lo más excelso. Todo es importante en su momento.

La pena y la tristeza no te aportan nada; te enferman. Suéltalas.

La culpa te envenena, te amarga y te trae dolor y sufrimiento... no resuelve nada.

Siempre haces las cosas lo mejor que sabes.

El juicio te condena a vivir lo que juzgas.

El perdón te libera de los juicios.

El perdón es única y exclusivamente para ti... nadie jamás te hizo nada. Te lo haces tú a través de los demás.

El rencor, el resentimiento y la ira te destruyen. Son como sujetar el ascua del fuego. Sólo tú te quemas.

Abandona toda expectativa y evitarás sufrimientos innecesarios.

Ten un perro y te enseñará qué es el amor incondicional. Y no ha leído ningún gran autor.

Da lo que quieres recibir y no permitas que te hagan lo que tú no harías.

Aprende de lo que te ocurre y no forzarás al universo a que te lo repita.

Sólo ve el bien en toda situación, persona o cosa.

Háblate y trátate siempre con cariño y respeto. Los demás te verán y te tratarán como lo haces contigo mismo.

No busques el amor, ya lo eres. Mira con cuanto miedo cargas. Éste te impide ver el amor que eres.

Si no tienes paz, elige de nuevo

La paz es un atributo interno, no depende de situaciones externas. El ego cree que si, y deposita su paz en los demás y en las circunstancias externas. En un mundo permanentemente cambiante, esto hace que la paz sea alterna y no duradera.

La paz no depende de tu condición económica, ni de tu salud. Tampoco de tu trabajo ni de tu pareja. Todo eso es una quimera que lo único que hace es hacerte sufrir. Vivimos pensando y creyendo que si las cosas fueran como nosotros pensamos, tendríamos paz.

Vivir en el odio, el rencor y el resentimiento te aleja de tu paz. Mientras condenas, te condenas.

Sentirse culpable te asegura el dolor, el sufrimiento y la enfermedad. La culpa "nunca arregló nada"; por el contrario, trajo todo tipo de inestabilidad.

Aquellos que viven o ceden al miedo en sus vidas, tampoco encuentran la paz. El miedo te impide vivir la vida que quieres vivir. Tú lo alimentas y tú le das poder. Con miedo ni se es libre ni se tiene paz.

Tiene que haber otra manera de estar en el mundo en la que sea posible tener paz. Para ello debemos elegir de nuevo, cambiar nuestro sistema mental. Una misma circunstancia vivida por cien personas, será diferente para las cien personas. Por lo tanto, no es lo que pasa, sino cómo veo y vivo lo que pasa.

Nuestro sistema mental se basa en la información consciente e inconsciente que se encuentra en nuestra mente. Patrones heredados a lo largo del tiempo en nuestro árbol genealógico. Decía Jung... "El inconsciente gobierna tu vida y tú lo llamas destino".

También Jung afirmaba que, "los hijos vivirán la vida no vivida de sus padres". Sus anhelos, sus sueños. Todo esto se vive como una programación inconsciente.

Vivimos vidas programadas desde la infancia por acontecimientos vividos en el útero de nuestra madre (epigenética). El ambiente emocional en el que viva nuestra madre durante el embarazo y los primeros años, va a determinar nuestro estado mental y psicológico.

Debemos hacer consciente el inconsciente para elegir de nuevo.

Cuando nos hacemos conscientes que estamos viviendo una vida programada, es fundamental preguntarse... ¿Para qué estoy haciendo esto? Ya que muchas veces no sabemos, el para qué lo hacemos. Y no nos damos cuenta que tenemos una lealtad a creencias inconscientes. Por ejemplo:

Programa Wendy y Peter Pan

El programa Wendy es una psicopatología caracterizada por la necesidad de asumir obligaciones de una figura protectora. Es el programa "Madre"; se cree que es la madre de todo el mundo y asume ese papel. Cree tener la obligación de resolver la vida de los demás y si no lo cumple se siente culpable. Lo permite todo, no se valora y no se respeta. Nunca es su prioridad.

> Asume responsabilidades que no le corresponden.
> Creencia de ser imprescindible para los demás.
> Necesidad de hacer feliz, agradar, satisfacer y cuidar del otro, asumiendo un rol maternal.
> Concibe el amor como un acto de sacrificio.
> Tendencia a estados depresivos ante la falta de atención o aceptación social.
> Auto recriminación por todo aquello que no ha podido o no ha sabido hacer. Se siente culpable.
> Evita que las personas que la rodean se disgusten.
> Resignación al sufrimiento.

El programa de Peter Pan. Se refiere al comportamiento de un adulto que se niega a madurar y a asumir responsabilidades normales para alguien de su edad. No quiere crecer. En la pareja buscará una madre o padre que le permita todo.

Incapacidad para hacerse cargo de ellos mismos y de responsabilizarse de sus propias acciones.
Dificultad para comprometerse con algo o con alguien. Esto puede ser en todas las áreas de su vida, principalmente en la sentimental y en la laboral.
Tienden a procrastinar o a postergar las actividades que tienen pendientes por hacer.
Se sienten enojados e incomprendidos por los padres. Son demandantes eternos y exigen a sus progenitores que sean padres eternos.
Echan la culpa a otro de las acciones que han cometido ellos, para no hacerse cargo de nada.
Son dependientes emocionalmente. No saben cómo eliminar la dependencia emocional.
Buscarán una pareja que ejerza de madre o padre con ellos.
Actúan normalmente de manera impulsiva.
Tienen comportamientos de adolescentes.

Como vemos con esta programación, que es debida a la información recibida durante su infancia, viven vidas determinadas y asumen roles que dirigen sus vidas.

Una vez hecho consciente el programa, se debe elegir de nuevo. Debe afrontar que no tiene ni debe seguir cumpliendo ese mandato.

Todo esto nos quita la paz y nos lleva al sufrimiento. Pero llega un momento en que de alguna manera ya no queremos o podemos más y ese es el momento idóneo para rendirnos. Ahora podemos elegir de nuevo para poder tener paz.

La salida siempre es elegir de nuevo. No estamos condenados por nada, excepto por nuestras propias decisiones. Aceptamos y dimos por buenas determinadas creencias e ideas. Ahora decidimos que ya no nos sirven.

Cumplir con ideas y creencias establecidas por seguir doctrinas, hacer lo políticamente correcto y no querer defraudar a los demás, nos enferma y nos quita la paz. Es decir, estar viviendo la vida que esperan los demás y no la vida que queremos nosotros.

Tenemos un poder y es el poder de cuestionarnos todo y elegir de nuevo. Dejemos de vivir la vida que esperan los demás, para vivir nuestra propia vida.

Elegir de nuevo es no querer tener razón, es perdonar y perdonarnos, pero, sobre todo, no sentirnos culpables. Siempre hicimos las cosas de la mejor manera, de acuerdo al estado de conciencia que teníamos en ese momento.

Elegir de nuevo es ser coherentes con nosotros mismos. Sabiendo que muchos no lo entenderán. Es convertirnos en nuestra prioridad. Si tengo paz, podré compartir mi paz con los demás. Mientras esté en conflicto viviré en ataque permanente contra todo.

Todo puede ser visto de otra manera. Dejar el pasado atrás, sabiendo que no se puede cambiar. Aceptar a los demás, sabiendo que están en su propio proceso de enseñanza – aprendizaje. No pretender querer cambiar a nadie.

Mirar hacia el futuro sin miedo y sin expectativas. El futuro sólo es la continuación del presente; por lo tanto, debemos centrarnos en nuestro presente. Un fututo temeroso e incierto genera ansiedad, me robará la paz del presente.

El presente es el único momento y tiempo que vivimos. Si no estoy en el presente… "Me pierdo la vida". Sólo puedo disfrutar de las cosas en el presente. En el presente está la vida, pero yo no estoy en él, porque siempre estoy en el miedo, en la culpa, en la preocupación… y ahí nunca hay paz.

Como vemos, somos nosotros quienes tenemos el poder de ver y de elegir de otra manera. La paz es sólo una manera de ver y de entender el mundo.

Nuestro cielo y nuestro infierno son sólo un estado de conciencia, que depende de la manera en que lo percibimos y pensamos.

Y si en vez de quejarte, agradeces

Y si en vez estar todo el tiempo juzgándote y criticándote empiezas a ser comprensivo contigo mismo.

Y si en vez de estar recordando todo lo malo del pasado, empiezas a pasar página, comprendiendo que no pudo ser de otra manera

Y si empiezas a afrontar, en vez de justificarte y poner peros. Quizás des pasos que antes no habías dado, quizás veas que sí puedes.

Y si dejas de esperar que la vida, los demás o las cosas sean como tú quieres o crees que deberían de ser. Quizás te relajes, quizás tengas una sensación desconocida para ti llamada paz.

Y si dejas de poner tu atención en las desgracias, penas, sufrimientos y calamidades de la vida y te centras en tu paz, en ser cada día la mejor versión de ti.

Y si te permites ser tú, desligándote de lo que piensen y crean los demás y abandonas el miedo que te impide hacer lo que quieres. Quizás descubras que tú solo te estabas boicoteando.

Y si de una vez por todas te aceptas, te valoras, te quieres y respetas, quizás descubras que los demás sólo te mostraban cómo te estabas tratando a ti mismo. Si veías rechazo era porque tú no te aceptabas y si no te respetaban era porque tú no te respetabas. Sólo veo fuera lo que llevo dentro.

Y si te miras al espejo y dejas de criticarte y de juzgarte. Y si ves más allá de la apariencia y te conectas con la verdad que eres. No eres una imagen que constantemente cambia, eres un ser único, pleno y completo.

Y si dejas de buscar que alguien te haga feliz, te comprenda y te dé todo aquello que crees que te falta. Quizás descubras que no te dan lo que tú no te das y que ya lo eres y lo tienes todo.

Y si dejas de pensar que para ti no hay, que no mereces, que estás condenado. Quizás descubras que ves fuera lo que crees y piensas de ti. Por lo tanto, cambia tu percepción de ti mismo, del mundo y cambiará cómo te ves y cómo ves el mundo.

Y si te sonríes, te hablas con cariño y empiezas a cuidarte y verte como el ser divino y maravilloso que eres. Quizás veas que no eres el personaje que creías ser, sino que sólo eran un conjunto de ideas y creencias totalmente erróneas. Tú eres tu prioridad, tienes que darte a ti primero, si no tienes paz, no serás paz para nadie.

Y si bailas, cantas y te enamoras de ti. Quizás descubras que tu actitud y tu estado de ánimo lo decides tú y que nadie tiene potestad sobre ti.

Y si te abrazas cada día, dejas de esperar nada y empiezas vivir con todo, lo mucho o poco que tengas, quizás veas que tienes suficiente. Por eso, creer que tener algo nos hará feliz, es un engaño de la mente egoica, la cual vive en la escasez y la separación. Llena de expectativas ilusorias que te decepcionarán a cada paso.

Y si dejas de creer que fuera de ti está tu felicidad y empiezas a entender que la llamada felicidad, "sólo es una manera de ver y de estar en este mundo". Que agradecer nos hace ser más conscientes del valor que realmente tiene todo en nuestra vida. Y que no tener expectativas hace que nada nos desilusione.

Quizás vivir agradeciendo y despreocupado sea el camino que tanto hemos buscado. Y si empezamos a vivir sin miedo y viendo todo con los ojos del amor… quizás y solo quizás, todo florezca a nuestro paso.

Eligiendo elijo

Elijo escuchar en vez de juzgar y condenar.

Elijo comprender en vez de maldecir.

Elijo soltar el pasado y dejar de lamentarme por lo que pudo ser y no fue; elijo no seguir atormentándome por un pasado que ya no existe. Elijo dejar de esperar.

Elijo reír en vez de llorar.

Elijo ver lo bueno y Santo en todo, elijo esperar sólo lo bueno en cada situación.

Elijo pensar positivamente y soltar las expectativas, éstas sólo me hacían daño.

Elijo caminar por la coherencia; elijo ser mi prioridad.

Elijo amarme, respetarme y por supuesto no juzgarme ni condenarme.

Elijo no poner expectativas en los demás ni en las circunstancias; elijo vivir en la incertidumbre sabiendo que "Su Luz" siempre me acompaña.

Elijo no temer, no dudar y solo confiar.

Elijo abrirme a las infinitas posibilidades, aquellas que me recuerdan que no tengo límite.

Elijo que todo siempre se puede ver de otra manera y elijo verlo.

Elijo empoderarme con pensamientos positivos y optimistas.

Elijo soltar el miedo para ser libre.

Elijo perdonar, sabiendo que solo me perdono a mí mismo.

Elijo abandonar el resentimiento y el rencor; la culpa y la auto exigencia.

Elijo ver belleza, ver con los ojos del corazón.

Elijo vivir en armonía con la Fuente.

Elijo sentir la plenitud de la Vida.

Elijo confiar y tener fe.

Elijo amar la verdad en todos y en todo.

Elijo estar en paz en vez de querer tener razón.

Elijo dejar de esperar que las cosas, las circunstancias y las personas cambien.

Elijo asumir mi responsabilidad y elijo dejar de culpar a los demás.

Elijo vivir alegre y despreocupado, agradeciendo y bendiciendo por todo.

Elijo esperar lo mejor en cada momento.

Elijo vivir solo en el presente, en el presente está la Presencia.

Elijo tener paciencia y vivir el ahora.

Elijo que Él elija por mí.

El mundo me devuelve

El mundo me devuelve lo que yo le doy. Si le bendigo, me bendice, si le mal-digo me maldice.

Así como veo el mundo así es el mundo para mí.

No hay nada ahí fuera, sólo es el reflejo de mi manera de pensar.

Si veo ataque fuera es porque el ataque está dentro.

Todo ataque no es mas que un juicio que hago. En mi juicio está el deseo de que todo sea como yo creo que debe ser, también está el control que quiero ejercer sobre todo.

"si reconocieses que cualquier ataque que percibes se encuentra en tu mente, y sólo en tu mente, habrías por fin localizado su origen, y allí donde el ataque tiene su origen, allí mismo tiene que terminar".

Queremos cambiar el mundo y el mundo sólo es una proyección de nuestro mundo interno.

El pensamiento es causa. El efecto lo vemos en nuestro día a día.

Sanar es corregir. Corregir es perdonar. Corregir nuestro sistema de pensamiento posibilita los cambios en nuestra vida.

El mundo es como una gran pantalla de cine. La mente el proyector. La película nuestros pensamientos y las creencias que nuestra mente aceptó.

La causa de todo nuestro mundo se halla en nuestra mente. Sanando nuestra mente sana nuestro mundo.

Sí podemos hacer

Una de las cosas que más nos hunde, es la sensación de "impotencia". Sentir y creer que no podemos hacer nada. Esta sensación, nos arroja a las profundidades más oscuras de nuestro ser.

Nos debilita y nos golpea con rotundidad. Es una sensación amarga y dolorosa. Querer y no poder, sentir la indefensión de no poder actuar.

Afortunadamente, esto no es así. Siempre puede ser de otra manera. Es únicamente nuestra mente limitada, la mente ego, la que piensa y cree así.

Somos un ser ilimitado, lleno de recursos. Todos estos recursos aparecen en los momentos de crisis. En esta situación surgen las mejores ideas y "SOLUCIONES". El ser humano lo lleva haciendo desde tiempos remotos.

Pero es cierto que cuando la sensación de impotencia nos inunda, nos arrastra a nuestras peores cloacas, donde aparecen todos nuestros demonios y fantasmas.

La simple oración es muy poderosa y efectiva. Pero tenemos que renunciar a las expectativas de creer saber qué es mejor en cada situación. La oración tiene que hacerse desde la renuncia, a "qué sé yo que es lo mejor para la situación".

La oración mueve todo, es ilimitada. Es poner en manos del que Sabe, que es lo mejor para esta situación. Siempre son contestadas y siempre son efectivas.

Llegan como una frase, una imagen, en definitiva como otra manera de ver y entender. Quizás la situación no cambió, pero algo en nosotros nos trajo paz.

"Todo lo que pidierais en oración, creer que lo recibiréis". Las dudas desalientan y hacen decaer el poder de la oración. Si todo ocurre en nuestra mente, la solución también tiene que llegar por nuestra mente.

El mundo es un reflejo fiel de nuestros pensamientos, de nuestras creencias. Por lo tanto, el cambio está en nuestra mente. Cada situación, cada problema, no es más que la oportunidad de elegir de nuevo, corregir el error previo. No es una condena, sino una posibilidad. Nos trae una enseñanza, un aprendizaje de incalculable valor. Es la oportunidad que necesitamos, más que una maldición, es una bendición.

La vida se nos repite, porque no aprendemos. Juzgamos y condenamos fuera, en vez de ver nuestra responsabilidad. No queremos cambiar, no aceptamos la parte que corresponde a nosotros. Es más fácil hacer responsables y culpables a los demás.

Pero si el problema en realidad es nuestro, poniéndolo fuera, no lo vamos a poder solucionar. Este es el gran error que siempre cometemos. Pidamos inspiración para ver qué hay en nosotros que está dando lugar a esta situación. Sólo así podremos corregir, elegir de nuevo.

Todo habla de mí, todo me muestra el error en mi mente, todo viene a salvarme, a hacerme ver de otra manera.

Hay una verdad en nosotros que no es de este mundo y que tiene todas las respuestas. Hay una luz en nosotros que nos ciega y que, por el contrario, nos permite ver con otros ojos, con otra luz. Apartémonos y entremos en el silencio mental… alejados de los juicios y de las críticas. Demos lugar al silencio… escuchemos… La Voz que habla sin palabras, la dulce melodía que nos da otra percepción.

Antes de nada busca la verdad que eres y pide que se te muestre ver de otra manera lo que te estás viendo.

Me di cuenta

Me di cuenta que la felicidad no es vivir una vida sin problemas, sin cometer errores, equivocaciones. La felicidad es aceptar las situaciones de cada día, siendo consciente de que yo soy la causa de todo aquello que me acontece; no como una lucha, sino como un aprendizaje. Algo por corregir. Debemos de aprender a vivir en la incertidumbre.

El camino es necesario si se quiere llegar a cualquier parte. Y como dijo el poeta... "El camino se hace al andar". Todo lo aprendí en el camino y mis errores fueron necesarios, fueron los que más me enseñaron. Me enseñaron tanto que lejos de maldecirlos, los bendigo.

En la incertidumbre nos sentimos perdidos y siempre lo queremos controlar todo. Es este querer controlarlo todo lo que nos hace sufrir y nos genera infelicidad.

Por la tanto el camino de la felicidad no es controlar sino más bien aceptar, que no es resignación; la lucha por querer cambiar lo que ocurre en nuestras vidas nos agita y nos quita la paz. Por lo tanto cuando aceptamos algo lo trascendemos.

No se trata de conformarse. Se trata mas bien de entender que esa vivencia que tenemos ante nosotros es una posibilidad. Ya que nos trae un regalo, un milagro para nosotros. Si está ahí, es nuestra, por lo tanto es la oportunidad que tenemos de elegir de nuevo, de verlo de otra manera.

Siempre nos estamos proyectando. Lo que vemos fuera está en nosotros. Es más no podemos ver nada fuera que no hable de nosotros. La imagen externa de una condición interna. La percepción es solo una interpretación. E interpreto de acuerdo a mi mundo interno. Creencias, juicios y programas inconscientes en mí.

Todo acontecer es un viejo conflicto no resuelto. Aunque cambien los actores y el cuadro.

La auto indagación es necesaria, nos permite entender y ver de otra manera.

Sanar la percepción es nuestra función.

No desaproveches la oportunidad, si no aprendemos, se nos repetirá.

Esperanza

Esperanza es la confianza de que, aunque yo no lo vea, aunque no sepa cómo o de qué manera, todo tiene solución.

Es esta convicción la que me dice que tiene que haber otra manera. Que mi mente no vea salida, no significa que no la haya.

La esperanza me muestra que sí la hay. Perder la esperanza es cerrar la puerta.

Nuestra manera de ver y percibir es limitada. Es del ego. Se basa en nuestro pasado. Dentro de nosotros está la Fuente, la Verdad que somos, el Ser Divino que en verdad somos. La Verdad que Dios creó, ésta no cambia, es igual a Él.

Esta Verdad nos habla en todo momento. Tiene todas las respuestas, siempre ve salida. Cuando tenemos Esperanza, estamos poniendo nuestros ojos en esta Verdad.

Todo tiene otra manera de verse y entenderse. El simple hecho de pensar así, posibilita que lo podamos ver. El pensamiento crea. Por lo tanto, pensar y afirmar que "las cosas son así", me limita y me cierra, no viendo otra posibilidad.

Por el contrario, afirmar que tiene que haber otra manera, abre la puerta al campo de las infinitas posibilidades. Tener Esperanza es abrir esta puerta, es confiar en el Amor y la Verdad que somos.

Dios, la Verdad que somos, no está fuera, está dentro, somos Uno y parte de esa Verdad inseparable. Abrirnos a esa Verdad, posibilita la solución de todo problema.

Puedo vivir mi vida desde mi parte limitada, ego, o vivirla desde la Verdad que Soy. El conocimiento Divino y Pleno. No podemos dejar de ser la Verdad que somos. Ésta siempre está en nosotros. Estábamos buscando lo que ya somos y no podemos dejar de Ser.

Pero sí podemos vivir de espaldas a esta Verdad. Es el libre albedrío.

La esperanza me lleva al Milagro, el cambio de percepción. El Milagro llega con mi rendición. Cuando digo "no sé, dime Tú", me abro a la Verdad que Soy y confío en Ella. Dejar de pensar en el problema, dejar de darle vueltas y entregárselo a mi parte Divina, eso es Esperanza. La convicción de que todo tiene solución.

El Ser Divino, sólo necesita una pequeña dosis de buena voluntad por mi parte, que confíe en Él. Confiar en Él, implica no temer. Si hay confianza no puede haber miedo y viceversa. En el no miedo llega el Milagro, el cambio de percepción.

La Esperanza mantenida posibilita el Milagro. Debo de soltar mis miedos y temores. Confiar y agradecer, esperando el desenlace. También debo renunciar a mis expectativas. El Milagro es para el Hijo dormido de Dios, no para el ego. Yo no sé qué es lo que más me conviene, sólo deseo tener paz. El Milagro trae paz.

No debo de olvidar que no hay nada ajeno a mí y que la circunstancia por la que estoy pasando yo mismo la creé. Admitir esto, me da el poder de deshacerlo. La Esperanza me recuerda que puedo elegir de nuevo, que no estoy condenado.

Estás a tiempo

Deja que el universo fluya. Deja y suelta, no quieras controlar. Deja de querer que todo ocurra como crees que debería de ser, eso te quita tu paz. No te apegues a los resultados que esperas. Deja de poner expectativas en los demás. Tus expectativas te hacen sufrir, no los demás. Aprende a vivir en la incertidumbre. Confía en la verdad que eres y vive en ti.

Cuando te dedicas a ser tú mismo, disfrutando a pleno de la vida que llevas, te encargas de vivir al máximo en cada momento, dando lo mejor de ti siempre, sin apegarte a resultados previamente determinados. Empiezas a tener paz, dejas de esperar que el mundo y los demás se comporten como tú quieres, empiezas a vivir el presente, viviendo y sintiendo la vida en todo.

El rencor y el resentimiento te alejan de tu paz. Hiciste un juicio y eres prisionero de ese juicio.

Sólo tú te condenas o te liberas.

No hay más paz que la que tú te des y te permitas. La paz es interna y no externa. No depende ni de los acontecimientos externos ni de los demás. Es algo personal e interno.

Estás a tiempo de soltar... Dejar ir... Todo lo que te perturba, todo lo que te irrita. Tienes que hacer las paces contigo mismo y con tu pasado. Si tu mente está en sucesos del pasado, sigues ahí. En un bucle de dolor y sufrimiento.

El perdón, que sólo es comprensión, te dará la paz. El perdón no perdona a nadie, sólo corrige tu percepción.

El tren se fue. Pero cada día llega un nuevo tren. Estás a tiempo siempre de empezar de nuevo. Da igual qué pasó, qué ocurrió; siempre es ahora y siempre puedes elegir de nuevo.

Vive la vida, vive hoy, recuerda lo bueno, ve el bien en todos y en todo. Agradece y bendice, esto te trae una inmensa paz.

Estás a tiempo. El tiempo aguarda a que elijas de nuevo.

Suelta el miedo, te quita tu paz y crea aquello que temes. Elige siempre desde el amor. El que ama no teme y el que teme no ama.

Sonríe.

Y...

Y me cansé mentir y de engañarme, de perseguir ilusiones que siempre me van a desilusionar. Y me cansé de esperar que ocurriera lo que yo quería que ocurriera y empecé a vivir lo que había y lo que ocurría.

Y dejé de correr tras expectativas, ilusiones de encontrar lo que creía que me faltaba. Nunca me faltó nada, solo me percibí a través de mi personaje, de sus sueños y locuras, de sus juicios y apegos.

Dejé de buscar y empecé a aceptarme, tal y como era, con lo llamado bueno y lo llamado malo. Entendiendo que si no me equivocaba, no aprendía, por lo tanto el error es valioso, todo error trae una enseñanza. Sobre todo cuando ofrece corrección.

Y solté los sueños de mi ego, que solo buscaban llenar mis carencias y necesidades, que no eran mías sino de mi personaje. Aquel que se sintió separado de la Fuente.

Y dejé de sentirme solo para estar conmigo, pues la gran carencia era la carencia de estar ausente de mí. Si no me acepto, siempre estaré buscando que me acepten, que me vean, que me valoren.

Cuando me acepté, empecé a valorarme y a considerarme, comencé a respetarme y el mundo hizo lo mismo conmigo.

Aprendí del miedo, todo miedo tenía un aprendizaje para mí, me mostraba errores en mi mente. Ese miedo lo había fabricado yo. El miedo me muestra lo que no afronto, aquello que le he dado poder. Detrás de todos mis miedos estaba mi paz. Mis miedos estaban basados en experiencias del pasado, mío y de mis antepasados. Creencias erróneas. Ahora elijo de nuevo. *"Esto no tiene por qué ser así"*.

Y sin miedo, camino ligero, soltando lo que ya no me sirve, lo que no aporta, lo que no suma. Vivimos como si no tuviéramos nada que ver con lo que ocurre en nuestra vida. Nada más lejos de la realidad. Es más, todo acontecer nos está mostrando nuestro mundo interior, nuestra mentalidad, nuestras creencias conscientes e inconscientes. Detrás de toda vivencia hay un juicio que hice.

Y dejo de luchar, dejo de componer las cosas como quiero que sean y vivo la vida según llega. Si llueve, bailo y me mojo, bendigo y agradezco. Y si veo miedo fuera, es el miedo que tengo dentro. La solución está dentro y no fuera.

Pasa lo que pasa, pero yo decido cómo vivo lo que pasa.

Nada me puede afectar sin que yo le dé poder. En última instancia soy yo quien decide sentirse ofendido o no. Soy yo quien elige como voy a percibir algo, que actitud voy a tener.

El mundo se volvió loco, pero yo no comparto su locura, esta es mi elección. El Maestro nos dijo... Estar en el mundo sin ser del mundo.

Solo mis propios pensamientos pueden afectarme y en mi mente solo mando yo.

No cedamos nuestro poder, el miedo tiene el poder que yo le dé, ni más ni menos. El miedo crea lo que se teme. *"Todas las defensas dan lugar a lo que se quiere defender"*. Soltemos y dejemos ir lo que no queremos en nuestra vida. En la realidad lo vemos fuera porque lo alimentamos en nuestra mente. Quítale el único poder que tiene, "tu atención".

Hazte un favor, vive y vive sin miedo, suelta... y se irá, cómo la barca a la que le hemos soltado el amarre en el muelle.

La felicidad es un estado del Ser

La felicidad es un estado del Ser, no depende de nada externo, ni de otra persona. Lo más bonito es poder compartir tu felicidad con otros si así lo permiten, más no exigirles que sean responsables de hacerte feliz...

No pongas tu felicidad sobre los hombros de nadie. Y no dejes que nadie la ponga sobre los tuyos.

Nadie te hace feliz, tú te haces feliz a través de la otra persona. Nadie nos decepciona, sólo nuestras expectativas.

Te haces feliz o desgraciado tú, con tu forma de ver y de estar en la vida.

Hay quienes no son felices con todo y hay quienes son felices con nada. Ten las cosas, no que las cosas te tengan a ti.

Saber valorar y apreciar todo en su justa medida, nos dará paz y felicidad.

La felicidad ni se compra ni se vende. Se vive, se es.

Te la roban tus pensamientos de escasez, el miedo a perder, el querer controlar la vida de los demás y las circunstancias. Debemos de aprender a vivir en la incertidumbre, con la certidumbre de saber quién somos. No sufrimos por lo que pasa, sino por cómo lo percibimos.

Suelta la vida de los demás, no te corresponde solucionarla. Detrás de cada circunstancia de vida hay una enseñanza. Tu hermano está viviendo sus propias situaciones para aprender y sanar lo que tiene que sanar. Tú puedes ayudarle a que se ayude, sólo si él te lo pide.

Todo aquí es enseñanza-aprendizaje, nada es casual. Todo trae un regalo, un milagro.

Sé feliz contigo mismo, con tus circunstancias. Sólo desde tu paz puedes ofrecer paz y así con el Amor y con la felicidad.

La vida es hoy y ahora, no permite ensayos. Si te equivocaste, perdónate y elige de nuevo. Cambiar es aprender, y el que no aprende (cambia), repite.

Eres tu prioridad

Eres tu prioridad, y si no lo eres, pregúntate por qué no te ves, no te aceptas, no te consideras y no te amas; no te dejes para después. El amor que eres, el amor que quieres recibir... empieza por dártelo.

La percepción que tienes de ti mismo determina cómo es tu vida.

Estar para los demás y no para uno es desconsiderarse, es no darte el lugar que te corresponde. Estarás ausente de ti mismo.

Si no te ven, es porque no te ves. El trato que recibimos de los demás habla del trato que nos damos a nosotros mismos. El amor propio va a determinar cada experiencia que vivimos.

Si no tienes dignidad y no te respetas, no te van a respetar. Si no te amas, encontrarás personas que no te amen. Todo habla de ti.

Sólo nos estamos encontrando con nosotros mismos. Cada situación que vivimos es una oportunidad de tomar conciencia y de elegir de nuevo.

No somos víctimas de nada ni de nadie, excepto de nosotros mismos. Cada situación en tu vida, está evidenciando tu mundo interior. El inconsciente se hace consciente. Todo es siempre enseñanza-aprendizaje. Si no aprendes, se te repite.

De nada sirve huir; tus problemas van contigo donde quiera que tú vayas. Da igual cambiar de ciudad, de trabajo o de pareja. El problema no está fuera, sino dentro.

Tú eres el cambio y el cambio siempre es mental. Ver las cosas de otra manera, sanar la percepción.

Deja de mendigar y de buscar fuera. Empieza a aceptarte, a considerarte y a darte todo lo que quieres recibir. Trátate como quieres ser tratado. Háblate con respeto. Suelta el pasado, sólo te hace daño a ti.

Si no eres tu prioridad, no serás la prioridad de nadie.

La respuesta es siempre el amor, y si no tienes amor propio, pierdes tu dignidad.

Da igual qué pasó, lo que hiciste y lo que te hicieron, lo que permitiste y todas las decisiones equivocadas. Siempre es ahora, y siempre puedes elegir de nuevo... Deja ya de dejarte para después.

Vive sin temor

El miedo sólo es falta de confianza. El miedo crea aquello que se teme.

Somos hijos de la Fuente. Por lo tanto, somos creadores. Creamos a través de la mente. Nuestros pensamientos cobran vida y se proyectan en nuestro mundo.

El temor adquiere mucha fuerza por ser una emoción, pero, sólo si lo alimentamos con nuestra atención. Quítale tu atención y desaparece.

No cedas al temor, a la preocupación y, por el contrario, confía en la luz que hay en ti, en el poder que todo lo puede.

Sabiendo que el miedo crea lo que se teme, no debemos de ceder a él. Apartémoslo de nuestra mente.

Muchos dirán que no es fácil y no es ni fácil ni difícil, es una decisión.

El miedo nos atrapa, limita y bloquea. Nos impide reaccionar, pensar y ser coherentes. Nos anula.

Pero sólo tiene poder si yo se lo doy.

Saquemos de nosotros todos los pensamientos que dan lugar al miedo. Cuestionemos a cada uno. Sólo así nos podremos librar de ellos.

Donde hay miedo, no hay paz, no hay libertad y no reina el amor. Nos sentimos ahogados, enfermos y totalmente vulnerables.

El amor nos da paz, confianza, fe y sobre todo, nos calma. En el amor no hay miedo. No permitamos que el miedo nos gobierne. Hacemos atrocidades bajo los efectos del miedo.

Nada nos puede herir si no le damos poder. Cuando tememos algo, le estamos dando poder.

Piensa, razona y sobre todo... No temas... Sin miedo, no hay nada que temer.

Aprende a ver desde el amor

Si miras el mundo con una visión de amor, encontrarás que todo es hermoso y que todo tiene sentido. Sólo viendo la perfección en todo, la podemos ver en nosotros... *"Dios está en todo lo que veo, porque Dios está en mi mente"*. Buscamos fuera, cuando todo en realidad está dentro. El Curso de Milagros afirma que *"vemos lo que queremos ver"*. Por lo tanto, empecemos a querer ver la verdad, el amor, la vida, la perfección en todo.

El don más hermoso que tiene un corazón que ama, es que todo lo que contempla lo vuelve sagrado.

Elige, pues, lo que deseas ver; su cuerpo o su santidad y lo que elijas será lo que contemplarás.

Cree en ti

Cumple tus propias expectativas, sé lo que deseas ser... Neutraliza las observaciones, objeciones o los impedimentos y juicios que a veces tanto pueden influir de otros sobre tu ser. No escuches las creencias limitantes de tu mente. No aceptes que no puedes. Los límites son mentales y sólo tienen el poder que les hemos dado. Ésta es la clave.

Nosotros le hemos dado el poder, por lo tanto se lo podemos quitar. Siempre hay al menos una manera diferente de ver y entender lo que nos ocurre. Dejar de mirar hacia fuera y dejar de ver culpables, es el primer paso para que nuestra vida cambie. Somos el único responsable de los acontecimientos de nuestra vida. Desde ahí, se puede comenzar el cambio.

No nos identifiquemos con nuestros pensamientos y creencias. Empecemos a creer en la verdad que somos.

Nos tenemos que cuestionar continuamente nuestro sistema de creencias. Debemos de dejar de proyectar nuestras carencias y nuestras necesidades.

Creemos que algo ahí fuera nos dará lo que creemos necesitar. Fuera sólo es el reflejo de nuestro mundo interno.

Elije cambiar. Cree en la verdad que eres y confía en la luz que habita en ti. Hazte a un lado y deja que se te muestre el camino.

Tu Divinidad

Si te haces consciente de reconocer tu propia Divinidad, entenderás que ya eres pleno, que no hay nada fuera de ti.

En realidad, lo único que estamos buscando, es la Verdad que somos. El Ser que nos creó ya nos hizo plenos. Somos hijos de la Fuente y la Fuente sólo crea igual a Ella.

Es no reconocernos igual a la Fuente lo que nos causa la sensación de vacío y de soledad. Este mundo no tiene nada para nosotros, no es nuestro hogar. Nuestro hogar viaja con nosotros, pues causa y efecto no se pueden separar. La Verdad no puede dejar de ser Verdad.

Buscar nuestra esencia en nosotros, es el camino. Nunca fue fuera, siempre fue dentro. La parte contiene el Todo y el Todo contiene a la parte.

La comunicación entre la parte y el Todo sigue abierta, pues no puede haber separación. Son Uno y lo Mismo. Por lo tanto, hablar con la Fuente es como hablar con nosotros mismos.

Empezamos pues, por agradecer a la Vida, la Vida que somos. La Vida es como un río complaciente por el que navegamos, Él nos lleva a puerto seguro. Dejémonos fluir por el río de la Vida, confiando que Él sabe qué es lo que más nos conviene. Navegar sin temor, es lo que posibilita que no nos falte nada.

La Fuente lo es Todo. Y si nosotros somos la Fuente, lo somos Todo. No podemos carecer de nada. Es impensable la escasez en la Fuente. La Fuente es ilimitada, cuanto más da, más tiene. Aceptar nuestra Verdad nos restaura la conciencia de la plenitud. Aceptar es recibir. Cuando nos reconocemos como hijos de la Fuente, tenemos que negar este mundo, esta ilusión. Pues negar uno es aceptar el otro. El miedo y el Amor son incompatibles, donde uno está, el otro no puede estar.

Soltemos el miedo y abracemos el Amor. El Amor es nuestra esencia. El que ama no teme, vive seguro, confiando y fluyendo con su Ser. Es el hecho de temer el que crea lo que tenemos. Sin temor, no tenemos nada que temer.

La confianza se vuelve nuestra bandera. Es tierra Santa, donde debemos permanecer. La confianza crea aquello en lo que confiamos.

La Fuente no nos juzga, y sin juicio, no hay condena. El Amor sólo Ama.

No vayamos en busca del Amor. Sólo quitemos el miedo y lo que nos queda es el Amor.

Reconozcamos que somos la gota del Océano que contiene todo el Océano... Amor, Vida, Verdad, Plenitud, Sabiduría, Fe, Certeza... Y todo cuanto Es.

Ya lo somos y lo tenemos todo. Sólo aceptémoslo y vivamos desde ese estado de conciencia.

Afirma cada día, cada hora, la Verdad que eres. No cedas al miedo, al temor. Nada puede prevalecer ante un Hijo de la Fuente que ha depositado su Fe en la verdad. La Fe es la fidelidad y lealtad que le tenemos a nuestro Padre. Fe y miedo son incompatibles. Y el que elijas es el que verás.

Vive amando, feliz y contento, alegre y despreocupado. Bendiciendo y agradeciendo por todo. El que sabe quién es...ya ha llegado.

Ten siempre presente

Podremos carecer de algunas cosas, pero realmente somos pobres cuando no sabemos disfrutar lo que la vida nos trae. En su reconocimiento y valor, está nuestra felicidad.

No permitas que la soledad te arrastre a donde no perteneces...

La soledad no es ausencia de personas... Es falta de ti...

Lo que aparece en tu vida, te está mostrando continuamente cuál es tu estado de conciencia, cuáles son tus pensamientos y cuáles son tus creencias.

Recuerda que sólo te encuentras contigo mismo.

En la vida no hay errores, sólo experiencias que nos enseñan. Nadie aprende sin haberse equivocado. Rectificar es norma de sabiduría. Si te equivocas y eres duro contigo mismo, estás cometiendo dos errores. Por el contrario si te perdonas y rectificas, confirmas que has asimilado la lección. Persistir en el error, es ser prisionero y te condenas a repetir la experiencia hasta que aprendas la lección.

Recuerda que no hay premios ni castigos, sólo consecuencias.

No luches, no trates de cambiar nada ni a nadie. Todo está bien y todo es como tiene que ser. Esto es muy difícil de entender para el ego, pues vive en lucha permanente contra todo. Al luchar, refuerza y hace real aquello contra lo que lucha; su miedo lo alimenta. Por el contrario, cuando aceptamos las situaciones por las que pasamos, todo empieza a diluirse.

Nuestra atención le da poder a todo lo que ponemos en nuestra mente. Estar despiertos, atentos, gobernando nuestra mente, nos da el poder sobre todas las cosas. En la no lucha está la victoria.

Suelta... "si no está en tu mente no está en tu vida".

Deja de volver al pasado a intentar cambiar lo que no puedes cambiar.

Sólo existe hoy... no te lo pierdas.

Asegúrate de dejar sonrisas y no lágrimas; y si son lágrimas, que sean de alegría.

Nos hemos olvidado

Nos hemos olvidado de ser; de ser nosotros mismos, de estar en silencio, de estar donde está la vida, Aquí y Ahora. Y sobre todo lo más importante... de amarnos.

Nos hemos olvidado de reír, de soñar, de ser honestos con nosotros mismos.

No te dejes para mañana. No te justifiques. No busques excusas. Si tú no eres tu prioridad... No lo serás para nadie.

No te ven, porque no te ves. No te respetan, porque no te respetas. No te aman, porque no te amas.

Sé tu prioridad, ten dignidad y amor propio. Considérate valiosa/o y sobre todo, apréciate.

Si no te aprecias, es porque te desprecias, te juzgas y te condenas, te exiges y te críticas.

Es el momento de cambiar de estrategia, de cambiar de táctica. Llevas toda la vida juzgándote y criticándote, sintiéndote culpable por todo y haciéndote cargo de todo y nunca has tenido paz. No hay mas que cambiar, hacer diferente.

Te debes el cariño y el respeto que quieres de los demás. Estás en deuda contigo mismo/a. Vives carente y en necesidad, y no sabes que tú tienes lo que necesitas... A ti mismo/a. Pero estás ausente de ti.

Despierta; deja de mirar para afuera, deja de esperar que el mundo y los demás cambien... No lo van a hacer. Lo externo es efecto, lo interno es causa. Cambia tú para que todo cambie.

Cambia la percepción que tienes de ti misma/o. Cambia como te ves, como te hablas, como te tratas y como te consideras, es la única manera de que todo cambie.

No es fácil ni difícil, es lo que necesitas y sólo tú puedes hacerlo.

Amarse es respetarse, aceptarse y considerarse. Tener dignidad y amor propio. Autoestima y saber lo valioso/a que eres.

La vida es presente

La vida es un presente continuo, elige desde tu honestidad. Recuerda que no debes apegarte a nada, porque todo cambia. Elige disfrutar, despreocupándote del pasado y del futuro.

Elige siempre a favor de tu paz y en contra de tu miedo.

No hay otro tiempo que éste y solo tú decides desde donde lo vives.

Desapégate de cosas y personas. Si tienes apego es porque depositaste tu paz y felicidad en factores externos. La paz y la felicidad siempre son internas.

Respira fuerte y profundo. Confía en ti y en la verdad que eres. No cedas ni al miedo ni a la duda, son ladrones de tu paz.

Mañana te arrepentirás de lo que no hiciste hoy, y no hiciste por miedo. En el miedo no hay amor y el amor es todo lo que buscas.

Hoy ya tienes todo cuanto necesitas y eso es justo lo único que necesitas. Lo demás es carencia.

Ten amor propio y dignidad. Acéptate y ámate, así no dependerás de los demás.

Sé íntegro y pleno. Coherente y perseverante. Confía y agradece. Bendice y comparte tu alegría y optimismo.

La queja te convierte en víctima. La víctima cree que no tiene nada que ver con lo que le ocurre. Nunca se responsabiliza.

Ama, ama todo y en todo momento. Ve la verdad y la belleza en todo. Busca el bien en cada situación, persona o cosa.

Espera sólo lo bueno, alejado de toda preocupación o temor.

¡Vive alegre!

La mente crea nuestro día a día

"Nada significa nada... le he dado a todo... el significado que tiene para mí... todo es neutro... nada de por sí es perjudicial o beneficioso, salvo que mi mente así lo desee... no me gobiernan otras leyes, que las de Dios"...

"Lo que tú crees que es verdad, es verdad para ti, es tu aceptación la que le da realidad"... el verbo (pensamiento) no se puede hacer carne... excepto con una creencia.

La mente crea, el pensamiento se hace presente en nuestra vida. La atención focaliza nuestra energía y da forma a nuestras creencias. Éstas se verán manifestadas en nuestra vida diaria y en sus situaciones.

Una creencia no es buena o mala, eso lo decide nuestra mente. Una creencia no es una ley, no es algo que no se puede alterar o cambiar. Sólo son unos pensamientos que aceptamos. Nuestras creencias gobiernan nuestras vidas. Examinarlas y cuestionarlas, es nuestra función. Una creencia limitante, no es una creencia de Dios.

Mantener determinados pensamientos en nuestra mente dará lugar a nuestras vivencias. El temor crea lo que se teme. Confiar genera aquello en lo que se confía. Nuestra mente es creadora, es nuestra naturaleza.

Ser coherente y congruente con nuestros pensamientos, es sostener un sistema de pensamiento. No se puede pensar una cosa y decir otra. Eso divide.

Afirma con convicción y fe aquello que quieres ver en tu vida. No dudes, no temas y mantente fiel a tu pensamiento. No pongas en tu mente, pensamientos que no quieres ver en tu vida.

El temor, la preocupación y la duda, derriban nuestros sueños y anhelos. El miedo a fracasar, hace que fracasemos. Las dudas son traidores, que hacen que se desvanezcan nuestros deseos.

Nuestra vida no transcurre al azar, no hay tal cosa como buena o mala suerte. Todo es causa y efecto. El pensamiento es causa, nuestra realidad diaria, el efecto.
Gobierna tu mente, no la dejes a la deriva. Imagina que tus pensamientos son semillas. Estas semillas florecerán en tu vida. Pensamientos de queja, odio, rabia, ira, temor, duda, pena o cualquier otro de baja vibración, dará lugar a eso mismo en nuestras vidas.

Pensamientos positivos, optimistas, alegres, altruistas, felices y nobles, llenarán el jardín de nuestra vida de bellos momentos, de lindas situaciones. Esperar lo bueno, crea lo bueno.

Instantes

La vida es hoy, es lo que pasa de instante en instante... vive lo que pasa... pero no te tomes nada en serio. Es un sueño.

Suelta y deja ir, no te aferres a lo que te quita tu paz, no le des poder.

No esperes nada y sorpréndete por todo. No pongas expectativas.

Céntrate en lo que haces y hazlo con todo el amor.

Deja de culparte y de quejarte, acepta tu responsabilidad, afronta. Detrás de cada miedo superado hay un regalo.

Comprende que el error es parte del aprendizaje. No hay éxito sin errores.

Vive hoy la vida que quieres vivir. El que quiere hacer algo encuentra la motivación y ve posibilidades. El que no quiere encuentra excusas.

Todo es amor o miedo, no hay más. Observa desde cuál de ellos decides.

Si no te tienes a ti mismo, siempre estarás en carencia y buscarás que los demás te den lo que tú no te das... Respeto, consideración, valoración, admiración... Todo eso es carencia.

Empieza por ti. No podemos dar lo que no nos hemos dado primero a nosotros mismos. Sé tu prioridad; es amor propio y dignidad.

Vive el instante, el momento presente.

Si no tienes

Si no tienes la vida que quieres o esperas... No sufras, no te desesperes.

Sufres porque crees que todo debe ser cómo tú crees. Te deprimes porque los demás no se comportan como tú quieres. Y te desesperas ante un futuro incierto en el que pones cientos de expectativas. Cuando llega el futuro y no se cumplen tus expectativas... Te desilusionas y sufres.

Si te has dado cuenta, sólo sufres por tu manera de pensar. Por poner expectativas.

No disfrutas de lo que tienes. No saboreas el café, porque no estás nunca presente. Tu mente nunca está en el ahora. Sufres porque crees que la paz, la felicidad, la salud y la vida de los demás dependen de ti y no es así. Sólo depende de ellos. Suelta y deja que cada uno viva su vida. Deja que tengan sus propias vivencias, que le traen una enseñanza aprendizaje. Respeta su proceso.

Es muy posible que no tengas la vida que quieres y que hayas tomado demasiadas decisiones equivocadas, pero siempre puedes elegir de nuevo. No te sientas culpable si no salieron las cosas como esperabas, siempre sirvió para aprender algo.

Deja de poner expectativas, empieza a vivir el ahora el momento presente, sólo ahí está la vida. Agradece más y quéjate menos. Sólo vive viendo el bien y lo bueno en todo. No pongas expectativas en nada y nada te desilusionara.

Aprecia desde lo más pequeño a lo más grande.

La vida son momentos e instantes que se suceden. Tu actitud y tu estado de ánimo lo decides tú y no depende de los demás ni de las circunstancias.

Suelta todo lo que te quita tu paz, no lo retengas en la mente. No te atormentes por tus errores. Recuerda que siempre hacemos las cosas lo mejor que sabemos. Y que nadie aprende sin equivocarse.

Tu paz y tu felicidad sólo dependen de ti, nada más y siempre están en el momento presente. Es ahí donde sólo está la vida.

Hay un Poder más fuerte que lo puede todo

Puede que estés triste, deprimido, abatido y no veas salida, pero dentro de ti, en lo más profundo de tu ser, yace una verdad que no tiene límites ni barreras, porque lo puede todo.

Vivimos en el miedo, la preocupación y la ansiedad permanentes, rodeados de peligros y miedos. Leones y fieras que amenazan con despellejarnos en cualquier momento... El virus, la inflación, el paro, la enfermedad de cualquier tipo, leyes y restricciones... La lista es interminable.

Nuestra mente se hunde y se deprime; la ansiedad surge en cada respiración. Un dolor y una pena nos envuelven y nos empapan como la niebla. Es una pesada carga que nos roba el aliento.

Este es el retrato de nuestro día a día. Una amargura permanente. Un no hay salida.

Pero más allá de ese infierno, hay una Luz, hay una esperanza que habita en nosotros y que nos recuerda que *"las cosas no tienen por qué ser así"*. Que *"siempre hay otra manera de ver el mundo"*. También nos recuerda que todo pasa y que siempre podemos elegir de nuevo.

El Amor no se ha ido de nosotros y el Amor es la fuerza más poderosa, ante la que todo se inclina. Somos Hijos del Amor, el Amor es, pues, nuestra esencia.

El Amor lo puede todo, creará lo que sea necesario, sanará cualquier parte de nuestro cuerpo, cambiará cualquier situación. No está regido ni condicionado por ninguna ley de este mundo; es Luz, una Luz que no tiene barreras ni límites.

Háblale a esta Luz, al Amor que es y pídele que te muestre otra manera de ver tu situación. Entrégale tu pesar, tu dolor y confía en su poder.

Siempre hay salida; lo torcido se puede enderezar, todo se puede revocar. No hay situación que no tenga otra posibilidad. El límite sólo está en tu mente. Ríndete ante aquello que no tiene límite. Su poder no sabe de fronteras ni de leyes, preceptos, ni normas, lo que Es no está limitado por "NADA". La Luz no se ve amenazada por ninguna sombra.

Esta Luz es tu Luz, está para servirte. Sólo te pide que confíes en ella. Esto implica no dudar ni temer. Sólo agradece que ya se haya resuelto, que ya se haya solucionado.

No le digas cómo lo tiene que hacer. Él sabe cómo. Sólo sé paciente y ríndete. No luches, no quieras resolverlo en tu mente. Dale plenos poderes a Él. Apartarte y déjale actuar. Sólo recuerda en tu mente que ya se ha solucionado. La paz será la respuesta que recibirás.

La confianza es un aspecto del Amor. Cuando tú confías estás poniendo Amor. Donde hay Amor no puede haber miedo. El Amor es Luz y donde hay Luz, no hay lugar para la obscuridad.

Ríndete a la Luz y al Amor que todo lo puede. Hazte a un lado y sólo confía en Él. ¡Pon tu Fe y Esperanza en este Poder ilimitado!

Nunca la obscuridad venció a la Luz. La Luz sólo necesita de tu confianza y confiar implica "no dudar ni temer".

La mejor manera de no dudar ni temer es agradecer cada vez que recordemos el asunto. "Gracias Padre que ya se resolvió". Esto le da fuerza y alimenta el fuego de la Luz.

Al agradecer estamos poniendo Amor, sumando, energizando el Poder que Todo lo puede.

Este es el momento propicio

Este es un buen momento para empezar el camino hacia tu paz. Imagínate realizando tus anhelos y objetivos. Traza un plan de objetivos definidos y a partir de ahí, pon en acción todos tus recursos. Recuerda que cada paso, por pequeño que sea, te está acercando a tu objetivo. Tienes todo para ganar y nada que perder. El aprendizaje será tu mayor logro.

Ser constante, tener disciplina y estar dispuesto a alcanzarlo, es lo que necesitamos.

Todo entrenamiento es un aprendizaje. Debemos corregir los errores. Sólo así nos superamos.

Confiar en nosotros, recordar los éxitos del pasado. Saber nuestro potencial que es ilimitado, pues cuanto más aprendemos, más capaces somos. La constancia es fundamental en el camino.

La mente lo rige todo. Un pensamiento alegre, positivo y optimista, nos da vida y confianza; nos hace confiar en nosotros mismos. Un pensamiento negativo nos deprime, nos debilita y nos trae la duda. Elijamos pues qué pensamientos queremos mantener en nuestra mente.

Una mentalidad ganadora no se rinde, no ve las dificultades, sólo ve posibilidades. La unión de mente y sentimiento genera resultados.

Todo requiere un trabajo constante y sostenido. Disciplina.

No tenemos límite. Llegaremos a donde nos propongamos si somos constantes y aplicamos el aprendizaje de cada día. Todo depende de nosotros, no de situaciones externas.

La actitud es siempre fundamental. Tenemos que encontrar la actitud correcta y hacer de ella nuestro camino de vida.

Podemos tener momentos difíciles, días malos, pero todo pasa. Si caemos, nos levantamos y no nos reprochamos nada, vemos que podemos aprender de la caída. Nadie gana sin haber perdido. Sabemos lo que sabemos por todo lo que aprendimos de nuestros errores.

Una mentalidad ganadora se crea. Hay que saberse merecedor, hay que limpiar los pensamientos limitantes y hay que desvanecer todo vestigio de culpa. Soltar los resentimientos del pasado, que son un lastre.

Está permitido caer. Pero está prohibido no levantarse. El niño se cae y se levanta y así llega a ser adulto.

El éxito y la felicidad

El éxito y la felicidad consisten más en reconocer y en valorar lo que se es y lo que se tiene, que en buscar la satisfacción en cosas o en el reconocimiento de los demás.

El éxito es estar en paz con uno mismo, de ahí nace la felicidad. No hay felicidad sin amor. En la incoherencia no hay paz.

El amor es ausencia de miedo.

Sin juicios no hay condena, y sin condena no hay culpa. Sin culpa no hay enfermedad, ni dolor.

Para tener, tienes que dar y para dar tienes que saber que ya tienes. Sabes que tienes cuando sabes quién eres. Si das pero no te das, vives en carencia.

Por lo único que te tienes qué preocupar es por confiar en la palabra de Dios. Ocúpate de que la confianza ocupe el lugar del miedo.

Para tener la vida que quiero, tengo que querer la vida que tengo.

El rencor y el resentimiento nos impiden avanzar, nos anclan al pasado.

No luchamos contra nada ni contra nadie, sólo contra nosotros mismos. La incoherencia es lucha. La coherencia, paz.

Dos vidas

Sólo tenemos dos vidas. La segunda empieza cuando te das cuenta de que sólo tenemos una.

Yo ya me di cuenta de que sólo tengo una y quiero vivirla desde la paz, el amor y la felicidad.

Si permites que el miedo, la ira, la culpa y el juicio gobiernen tu vida, no podrás tener paz.

Querer tener razón te quita tu paz. Ya no tengas tiempo para estar enfadado, para guardar rencor y resentimiento.

Elije vivir como si lo que estás haciendo fuese lo último que vas a hacer. Vive el momento siendo la verdad que eres.

Quítate la máscara tras la que te ocultas y empieza a ser tú con coherencia. Vive para ti sin vivir pendiente de lo que los demás digan o puedan pensar de ti.

Camina de paso en paso, de día en día. Sólo vivimos hoy y nos lo perdemos por no estar presentes. Párate, mira, contempla, observa y siente.

Respira y suelta todo lo que te roba la paz. No lo mantengas en tu mente. Sólo tus pensamientos pueden afectarte.

Debemos de preguntarnos qué vida queremos vivir y desde dónde; desde el miedo o desde el amor. Desde la preocupación o desde la confianza. Desde la queja o desde el agradecimiento.

Según elijas, así vivirás.

Ten paciencia, no te apures. Quizás si tuvieras lo que crees que te falta, tampoco te sentirías pleno. Vive bendiciendo y agradeciendo lo que tienes, valora, aprecia y disfruta.

Piensa positivo, optimista, alejado de la duda y el miedo.

Tienes que ser para ti, todo lo que esperas de los demás. Tienes un hijo de Dios en tus manos... tú. Trátate y cuídate con todo el amor.

Dejar atrás

Dejar atrás todo aquello que ya no te sirve, dejar los rencores, los resentimientos, las obsesiones, los miedos y las culpas. No aferrarte a las cosas que te quitan tu paz, dejar de darle valor a lo que no lo tiene.

Cambiar de mentalidad, soltar las viejas creencias limitantes, que son del ego. Dejar de verte separado y sentirte uno con la vida.

Dejar de perseguir sueños vanos, ilusorios. Dejar ir lo que ya no me sirve, lo que no suma.

Dejar y abandonar todos los pensamientos que me roban mi paz y no me llevan a ningún sitio.

Empezar a aceptar mi verdad, la que está más allá de la ilusión de ser un cuerpo. Vivir en el presente, que es "Presencia". Abandonar el miedo en todas sus formas.

Tomar conciencia de mi Grandeza, la que se me otorgó en mi creación. Vivir desde ahí, en la plenitud.

Saborear el momento como lo que es... El instante que lo contiene todo.

Soltar el pasado, no existe ya. Dejar ir todo lo que me causa dolor y sufrimiento, que no aporta nada y sin embargo me condena. Entender que los demás hacen las cosas lo mejor que saben.

Aprender de lo que llega cada día a mi vida y saber que sólo veo en mi hermano lo que hay en mí. Él viene sólo a salvarme, a hacerme consciente.

Vivir viendo mi Verdad.

Tú eres el cambio que estás buscando

Tú eres la persona que estás buscando. Tú eres tu paz o tu infierno, dependiendo de cómo vivas los acontecimientos de tu vida. El amor empieza por ti.

La paz es y comienza contigo; con aceptarte, con perdonarte. No eres tu cuerpo ni la imagen que ves de ti; eres esencia, luz, amor.

Deja de recordar tus errores, tus fallos. Deja de ver lo negativo y empieza a ver todo lo positivo que hiciste en la vida. La vida es sólo enseñanza-aprendizaje. El error es esencial en el aprendizaje.

Conviértete en tu mejor aliado, el que te apoya y te comprende. Ten palabras de afecto y cariño para ti mismo. Estímate y apréciate.

Suelta el pasado, suelta lo que ya no existe, no te ayuda estar lamentándote por tus decisiones equivocadas. Sólo tienes hoy, el ahora para vivir; no lo enturbies con lo que no puedes cambiar.

Hoy es la vida, hoy es el momento, hoy puedes comenzar de nuevo. Empieza por agradecer y bendecir todo en tu vida. Valora lo que tienes, aprécialo y disfrútalo con conciencia.

Confía en la verdad que eres, esa que te creó y te acompaña. Siempre puedes elegir de nuevo. Y recuerda que puedes ver todo de otra manera. Lo que nos hace sufrir es la manera en la que vemos las cosas. Cambiemos pues nuestra manera de ver y entender la vida.

No esperemos nada y nos sorprenderemos por todo.

Vive consciente, vive pensando desde el optimismo, desde el pensamiento positivo, aparta la duda y el miedo.

Pasar el día

Pasa tu día en paz, en calma y en coherencia contigo mismo. No te engañes. Haz sólo lo que deseas hacer. No sufras, no te sacrifiques.

Sonríe a la vida, vive alegre y feliz el ahora. No permitas que tu paz y felicidad dependan de terceros. Agradece por todo cuanto hay en tu vida, con amor y disfrútalo desde ahí, desde el agradecimiento y sin apego. (miedo a perder)

Son tus pensamientos los que te deprimen. No deposites tu atención en lo que roba tu paz.

Sólo tú sabes tu destino

Sólo tú sabes tu destino. Sólo tú sabes lo que te hace feliz. Y sólo tú sabes lo que te eriza la piel o te llena el alma. Y mas que nada sabes lo que le hace sonreír a tu corazón. No le hagas caso a la gente, fluye, vive. Y sé feliz. Porque tu vida la vives tú. Y nadie más que tú.

Deja de vivir la vida de los demás, deja de hacer cosas para que te acepten y te quieran.

No hagas las cosas por los demás, eso es sacrificio, dar algo para condicionar al otro.

Se coherente contigo mismo, sólo puedes servir a un amo. La incoherencia lleva al conflicto. No busques nada fuera, ya que todo te ha sido dado. Acéptate y reconócete como uno con la Fuente... ese es tu lugar.

Deja de prostituirte emocionalmente, deja de mendigar atención, deja de reclamar que te valoren, nadie te puede dar lo que tú no te des. Sólo estás ausente de ti, de tu cariño y de tu atención. No te aceptas porque te juzgas y te condenas, eres cruel contigo mismo. Eres tú peor enemigo.

Vives en el pasado, sufriendo por lo que pasó, condenándote por lo que hiciste y por lo que no hiciste. Quieres que cambien los demás y no te das cuenta que solo tú puedes cambiar. Cuando tú cambias, cambia todo.

Culpas a los demás para no aceptar tu responsabilidad. Esto te hace creerte inocente, te sientes víctima. Sólo eres víctima de ti mismo.

Te da ansiedad el futuro, y sólo son miedos a perder, a no controlar, a que no ocurra lo que tú quieres y deseas. Pusiste tu poder fuera de ti y crees que tu paz y felicidad dependen de otros y de las circunstancias. No hay ansiedad, hay pensamientos que crean y generan ansiedad. Miedo encubierto.

Temes afrontar, salir de tu zona de confort. Te excusas en los demás y en las circunstancias, eres inmaduro emocional, sólo esperas que otro te resuelva tus problemas. Crece, afronta, decide, elige y deja de esconderte.

No hay más cambio que nuestro cambio mental. El cambio de mentalidad lo cambia todo, una nueva actitud llega con este cambio.

Hay dos maneras de ver la vida; una en la que soy víctima y no tengo nada que ver con lo que ocurre en mi vida y otra en la que soy la causa de todo lo que me ocurre. En la segunda asumo mi responsabilidad y mi poder. Ya nada depende de factores externos, yo soy el problema y la solución.

Tú eliges como ves y vives tu mundo. Conviértete en tu mejor amigo y deja de ser tu peor enemigo.

Y... Líbranos del miedo

El miedo nos atenaza. Inmoviliza y secuestra nuestra voluntad. Todo es una elección... Amor o miedo.

El miedo no existe. El miedo lo creamos y alimentamos nosotros.

Vivimos nuestras vidas desde el y desde ahí tomamos todas nuestras decisiones.

Vivimos en la queja permanente. Creyéndonos ajenos a lo que nos ocurre. Nada más lejos de la realidad, somos cien por cien responsables de todo lo que acontece en nuestras vidas.

Decimos: "todo está muy mal", "las cosas son así", "es lo que hay", "hay que conformarse"... Y luego nos lamentamos de que eso sea lo que vivimos.

Aceptar es recibir. Cuando yo acepto un pensamiento limitante, voy a recibir eso que he aceptado. La vida me da lo que le doy.

Si pienso desde el miedo, voy a recibir desde el miedo. Si pienso desde el amor, voy a recibir desde el amor.

No es, buena o mala suerte. Es sincronicidad.

No hay margen de casualidad en el universo. Todo se corresponde.

Tú y solo tú decides que piensas y desde donde lo piensas... Amor o miedo.

Dar y recibir son lo mismo. La percepción que tengo del mundo, de mi hermano y de las cosas, es lo que voy a recibir, porque es lo que estoy dando. Recogemos lo que sembramos.

Si quieres saber que estás dando, observa que estás recibiendo.

El Plan de Dios

¿Crees que Dios puede tener un plan y qué ese plan pueda fallar?

Su voluntad para ti es perfecta felicidad.

Si estás enfermo, cansado o amargado, no estás viviendo su plan. Tiene que haber algo en ti que está impidiendo que se cumpla su plan.

Si sufres, vives en el dolor, la culpa o el miedo, elegiste verte como Dios no te creó.

Si das y no recibes es porque no te ves y te sientes merecedor. También es posible que todo lo que haces por los demás no lo hagas por ti.

"Su Plan" sólo puede traerte paz y felicidad. Tiene que haber algo en tu mente que no marcha bien.

La percepción que tienes de ti mismo determina el mundo en el que vives. Así que si crees que no mereces, no vales y que te tienes que conformar; eso será lo que vivirás en tu vida.

El mundo es efecto, la mente, los pensamientos son causa. Si sigues al ego vives en la preocupación, en el miedo, la culpa y el juicio. Te ves separado de la Fuente. No te responsabilizas de tus decisiones y culpas a los demás.

Si sigues a la Verdad que vive en ti, no vives en el miedo, no le das poder. No juzgas y no te sientes culpable. Tampoco culpas a nadie de lo que ocurre en tu vida. Te haces responsable. Entendiste que tú eres la causa. El problema está en tu mente y la solución también.

El que mira para afuera sueña. El que mira para adentro despierta.

No hay temor en el Amor. La culpa no tiene lugar donde no hay juicios. Donde hay Paz no hay lugar para el miedo. La confianza forma parte del Amor. La duda es hija del miedo.

Solo tú decides a quién sigues.

No esperes que nadie entienda tu camino

No esperes que nadie entienda tu camino, especialmente si no han caminado con tus zapatos.

No arruines el día de hoy por preocuparte por los problemas de ayer.

Suelta el ayer el pasado. No te ates a lo que ya no existe.

Sólo se vive hoy, el ahora. No te lo pierdas.

Si vives agradeciendo, vives apreciando, dando sentido a todo.

No esperes lo que no te das y no esperes más cambio que tu cambio.

Entrégate a encontrar tu esencia Divina, se halla en ti, eso te cambiará la vida.

Si la pena te pone triste y melancólico, la alegría y el entusiasmo te llevan al cielo, todo es una elección. Tus pensamientos son los únicos que te llevan al cielo o te mantienen en el infierno.

Sé para ti, lo que esperas de los demás, no podemos recibir lo que no nos damos.

La pobreza no existe en el cielo. Lo que Es, es siempre abundante y sus Hijos comparten su riqueza.

Amar es un estado de conciencia. Es parte de la Esencia. No se busca, sólo se encuentra. Dios ya lo depósito en nosotros. Pero recuerda... Donde hay miedo, culpa e irá, no puede haber Amor.

No encontrarás la paz mientras la busques fuera de ti. Pero cuando la halles en ti, la verás por todas partes. Y si hay paz hay amor y felicidad.

Si solo das lo que quieres recibir y entidades que el dar empieza por ti mismo, sólo puedes recibir lo que estés dando.

Si todo es sueño, empecemos a tener sueños felices. En los sueños felices el amor es siempre el protagonista.

Da igual lo errores que cometimos en el camino, son sólo eso, errores y los errores se corrigen. Siempre la vida nos da otra oportunidad. Y siempre la respuesta es el amor... Ausencia de miedo.

Que la muerte...

Que la muerte te pille haciendo lo que quieres, lo que amas.

Que te pille sin rencor, sin resentimiento por nada ni por nadie.

Que no te sorprenda sin haber hecho lo que querías hacer, sin haber vivido tu vida, no la que esperan los demás, no la del dolor y el sacrifico, si no la del amor.

Que no te de pena irte, porque sientas que ya ¡Viviste!

Que no te pille sin haber dicho lo que querías decir.

Que en ese momento sientas que mereció vivir, a pesar de todo.

No morimos porque no hay muerte, pero nos vamos. Y hay que saber irse; soltando todo, sin apego, sabiendo que no perdemos nada. Nuestra vida y realidad están más allá de este sueño (Pesadilla) ilusorio. Aquellos que entraron en nuestro corazón, estarán allá donde estemos.

La muerte digna, es una manera linda y bonita de irse, de soltar. Sabiendo que no te vas, simplemente... "regresas".

Este tipo de despedida es uno en el que, uno se rinde... "Muero porque no muero". Simplemente se entrega la ropa que nos envolvió mientras hicimos el viaje.

Si ya sabes que eres "Espíritu" sabes que no eres un cuerpo. Por lo tanto no hay nada que temer. La mariposa no mira hacia atrás para ver el gusano. Eleva su vuelo, libre y feliz. Sólo entendió, sólo se transformó.
La llamada muerte sólo es una puerta, un velo. Acabaron las clases y se cerró el aula.

Es momento de repasar lo vivido. No hay error, no hay tal cosa como bueno o malo. Todo es enseñanza - aprendizaje. Por lo tanto todo fue necesario y útil. Desde ahí no guardas rencor a nada ni a nadie. Tanto el error como el acierto son sólo posibilidades y de las dos se aprende.

Ahora nos desprendemos de todo, sin apego, sin deseos rotos, sin esperanzas no cumplidas. Tuvimos muchos días para hacer lo que no nos atrevimos a hacer, es esto únicamente de lo que nos arrepentimos. Pero hasta esto lo soltamos.

El viaje tiene que pillarnos ligeros de equipaje. Pues donde vamos no necesitamos nada de lo que hay aquí. Nuestro patrimonio es solo lo que aprendimos. Nuestra maleta está llena de vivencias y de experiencias. Deben de ser bellos recuerdos.

Es el momento de soltar la culpa, la propia y la ajena. El perdón verdadero es solo comprensión. Cuando comprendemos nos damos cuenta que no hay nada que perdonar.

El que se va con culpa, está comprando el billete de vuelta a la pesadilla.

En el último suspiro esboza un gracias a todos y a todo. Recibes lo que das. Si condenas... te condenas.

Una última mirada hacia atrás con una sonrisa, con abrazos y con el alma llena de agradecimiento es lo que nos da el impulso necesario para traspasar el velo en las mejores condiciones.

No hay muerte... La vida, es vida y no tiene opuestos. Y para los que se quedan solo debe quedar el recuerdo de lo vivido y compartido. Sin perdida, sabiendo que no se fue, solo se mudó más allá de los sueños.

Si aún no es tu momento, es señal de que te quedan momentos.

Aprovecha los momentos para dejar bellos recuerdos.

Hazte un favor... ¡¡¡¡ VIVE !!! Emprende tu vuelo.

Si Dios me hablara, diría...

Cuando me entregas un problema, tienes qué envolverlo.... Envolverlo con fe, con confianza. Tú lo depositas en mis manos...

Pero yo necesito que lo envuelvas en tu fe, en tu confianza...

Es decir, que te olvides del temor a que no se solucione, a que no se arregle...

Tu temor impide que se pueda solucionar, por lo tanto, necesito de tu confianza y de tu fe. Ahí estás uniendo tu voluntad a la mía.

Somos Uno, recuerda. Y tenemos qué actuar como Uno. Si tú estás pensando desde el miedo, ya no estás pensando como yo. Por lo tanto, al entregarme el problema, tienes qué saber que ya se ha resuelto y olvidarte del problema, esa es la mejor manera.

No temas, no te preocupes. Sólo agradece que ya se ha resuelto; causa y efecto están juntos.

Cuando se pone un problema en mis manos, automáticamente ya se ha resuelto. Olvídate del espacio tiempo, porque no hay espacio tiempo. La solución ya ha llegado, tú simplemente agradece que ya se resolvió.

Dedícate más a tu paz, a tu felicidad, al amor que hay en ti.

No juzgues nada ni a nadie; acuérdate que percibir es sólo una manera de juzgar. Por lo tanto, percibe inocentemente.

Ve siempre la verdad en cada persona. Ve más allá de su personaje, de su ego. La verdad que él es siempre está presente, al igual que la verdad que tú eres ¡¡Sois un único ser!! Uno conmigo y con la verdad que somos.

No veas más allá del personaje que él es, porque si te centras en el personaje, no me podrás ver a mí. Pero si me ves a mí, no verás el personaje.

Ten paz, ten calma. La despreocupación es tu camino junto con el amor y el agradecimiento. Busca el bien en toda persona, situación o cosa.

Camina, respira. Cuando camines y respires siente que la vida está en ti, que yo estoy en ti y tú estás en mí.

Eres un pensamiento en mi mente, no me puedes abandonar, como yo no puedo abandonarte a ti.

Estamos unidos permanentemente. Piensa en mí y recordarás inmediatamente quién eres. Eres mi hijo, el que me prometió fidelidad y amor, al igual que yo lo hice contigo.

El no temer, el no preocuparte, te lleva a la paz, te lleva al amor; tu función es esa y no aceptar como real ningún error, ni hacer real ninguna situación de ese mundo del sueño.

Eres tú quien lo hace real con tu atención, con tu temor. Por lo tanto, no temas, despreocúpate.

Hay una fuerza superior que lo es y lo puede todo, un poder que no se opone a nada, que simplemente es.

La Luz es Luz y donde hay Luz, no puede haber sombra. Recuérdatelo a menudo.

La Luz es Luz, y donde hay Luz, ¡no puede haber sombra!

Si tú eres el Hijo de la Luz, tienes qué ser Luz. Sólo puedes ser Luz, sólo tienes que aceptarlo, pues ya lo eres...

Siéntete luz, siéntete Amor, siéntete Paz.

Llénate de vida, respira vida. Siéntete que eres vida, la vida que lo sostiene todo, que está más allá de lo que aparentemente puede cambiar. Lo que cambia es ilusión, es maya; tú no puedes cambiar.

Cualquier cosa que tenga vida, siempre es vida. Recuérdalo permanentemente.

Eres vida, estás lleno de vida; la vida está en ti.

Respira profundamente, siéntete que eres vida, sólo eres vida...

Tienes qué recordar permanentemente quién eres, porque eso te mantiene cerca de mí; te mantiene en la conciencia de quién eres y así no te identificas con el personaje de tu sueño que te hace temer, que te hace preocuparte, que te hace sentir culpable.

No veas la ilusión de este mundo, no la reconozcas, no le des poder. Si no le das poder, no tendrá poder sobre ti, porque en verdad nunca lo tuvo. Eres tú el que se lo está dando.

Nada puede herirte a no ser que tú le confieras ese poder, por eso es importante que recuerdes permanentemente quién eres y quién camina a tu lado, quién sostiene tu mano.

¿Quién que esté con Dios puede temer?

¡¡¡Nada, ni nadie!!!

Sostengo tu mano. Guárdalo y repítelo a menudo: Estoy en Dios, estoy en Dios... sólo puedo estar en Dios, no puedo estar en otro sitio, porque no existe otro sitio fuera de Él.

Yo estoy en Dios y Dios está en mí.

La rama del árbol es el árbol...

¿Dónde empieza el árbol y dónde termina...? Son uno y lo mismo; así somos tú y yo, uno y lo mismo; ¡Lo que es, siempre es! No puede separarse.

Sólo recuérdame a cada instante; en la flor, en el cielo, en los ojos de tu hermano. Recuerda quién eres permanentemente; ahí estarás empezando a despertar.

Somos un único Ser; Tú, tus hermanos y Yo.

Por muchas ramas que tenga el árbol, siguen siendo un árbol y todas las ramas forman parte del árbol, todas son Uno y lo mismo.

No hay separación, esa es la clave. Nunca la hubo y no la puede haber, por lo tanto, sigues siendo quien eres.

¡¡¡Ser y tener son lo mismo!!!

Sólo puedes tener; ya todo te fue dado.

Te fueron dados los milagros. Te fueron dadas las palabras que necesitabas. Te fueron dados los consejos, te fueron dados los dones de Dios, los regalos.

Acepta quien eres y reclama tu herencia; ya todo te fue dado. Por lo tanto, ya lo tienes qué tener.

Agradece toda solución permanentemente.

El agradecimiento es un aspecto de Dios; todo lo que se agradece, se bendice, y todo lo que se bendice, se está agradeciendo.

Bendecir y agradecer es sembrar el campo, regarlo de alegría con luz, con amor. Por lo tanto, bendice tu vida, bendice la verdad que eres, bendice la verdad que es tu hermano, bendice que lo eres y lo tienes todo. Agradece como un arcoíris la vida, la verdad que eres. Siéntete pleno, siéntete dichoso, siéntete feliz. Pero recuerda que, si hay preocupación, si hay temor, no lo vas a poder hacer; en consecuencia, abandona el temor, abandona la preocupación, no puedes estar en el mar y en la orilla a la vez.

Tienes qué elegir dónde vas a estar...

Mi mar, es el mar de la alegría, de la abundancia, de la opulencia, donde todo se mece y se mueve armoniosamente, donde ya todo te fue dado.

En la tierra hay separación, hay duda, hay miedo, hay temor, hay escasez. Te sientes solo, dividido; crees que tienes que dar para obtener. Estás equivocado, estás perdido. En el océano de Dios, todo es abundancia, todo es riqueza, todo se muestra generoso y todo se comparte. Es dando como tienes; lo que das, es tu percepción y es lo que recibes. Tal y como te veas, así va a ser el mundo para ti; si te ves como el Hijo de Dios, verás al Hijo de Dios en todo y en todos.

Camina con la frente en alto, sonriendo y bendiciendo, recordando con tu mirada a tus hermanos y quiénes son. Recordando que lo que ves en el sueño, es sueño. Que no existe, que sólo es el Hijo dormido y perdido de Dios que quiso ser especial, que quiso tener más, que quiso ser más cuando ya lo era y lo tenía todo; abandona el sueño.

El sueño feliz es la despreocupación, la ausencia de miedo, de temor, donde no hay culpa, donde se ha abandonado el juicio, donde ya uno se reconoce en todos como uno y lo mismo, donde no hay separación, donde ya no hay pérdida, donde todo se da y se comparte; porque todo es de todos y todo es para todos.

Lo que compartes son tus ideas, son tus pensamientos. Un pensamiento de amor paraliza cualquier enfermedad, cualquier dolor; cualquier sufrimiento no lo comparte porque no lo acepta, porque no lo entiende, porque sabe que no es real.

Sana a tu hermano reconociendo a Dios por él, viendo a Dios y la verdad en él. No caigas en la trampa de confundirte con su sueño; tienes que ver en él la luz, la verdad, la salud, la perfección que es, el ser perfecto que Dios creó.

Tienes el poder, porque eres el poder; nada se te está dando porque ya lo eres y lo fuiste siempre, pero lo olvidaste en el sueño de separación.

Amar al Hijo es amar al Padre, no lo olvides. No puedes amar al padre si no amas al Hijo. Tú eres el Hijo. Ámate, porque si no te amas, te estarás negando a ti mismo. Y negarse a sí mismo es renunciar a la verdad, renunciar al reino, verte como yo no te creé. Tú eres la luz que yo soy, tú eres la paz, tú eres el amor que yo soy, tú eres la vida que yo soy, no lo olvides. Siéntelo, vívelo, expándelo; respira vida, siéntete vida. Pide guía en todo momento, pide que te lleve, que te muestre, que te ponga ahí donde tienes qué estar.

Acepta lo que llega a tu vida, porque hay una enseñanza; es un elegir de nuevo, un reconocer la verdad, y apartar el temor y el sueño.

Ámate con el amor que te amo; quien no se ama, se ve separado. No se acepta, no se quiere, está renegando de la verdad que es.

Si eres amor, ¿Cómo te vas a negar el amor a ti mismo? Negártelo es vivir en carencia y buscarlo donde no está. No podrás recibir lo que no te das.

Eres amor; no te lo niegues. Negarte es negar la verdad que eres. No puedes negarte, y te niegas cada vez que temes, cada vez que juzgas, cada vez que crees que te he abandonado, cuando sólo te quedaste dormido para ser lo que no eres. Sigues siendo tal y como te creé, sigues siendo la luz del mundo, sigues siendo mi reino y somos uno, te Amo Hijo.

El sueño lucido

Estoy soñando. Y de pronto, me voy haciendo consciente de que lo que está ocurriendo en el sueño, es que me están dando enseñanzas, aprendizajes. Al ocurrir esto, me hago de alguna manera consciente de que es un sueño, el sueño empieza a desvanecerse.

No me despierto del todo, es más, estoy más dormido que despierto. En ese momento de ensueño, el E.S empieza a hablarme tal y como lo percibo al estar despierto. Me va aclarando la enseñanza. Yo al estar semi-despierto, tomo en parte el control de la conversación. Él me hace ver lo que es real y lo que es sueño. Me dice que diga... "Soy la fuente", al yo decirlo tomo conciencia de que "Soy la Fuente"... "El único Ser". Inmediatamente veo este mundo como el sueño que es y como la no realidad. Todo lo que el "Curso" enseña, tal y como lo enseña.

Me maravillo de la claridad mental que tengo al respecto, siento la unidad del único Ser en las palabras... "Soy la Fuente" siento que soy un solo Ser. Al mismo tiempo veo la irrealidad de este mundo en el que creemos vivir. Uno en un lado y otro en otro lado.

Como estoy en lo que podíamos denominar semi-cosciente, le digo al E.S que temo no recordar el sueño, al hacer esto, me veo fuera del Ser, en la dualidad. Él me explica que da igual que lo olvide... nada se pierde, me dice... el conocimiento está en ti tú lo eres. Y me invita a que repita la frase... "Yo Soy la Fuente", inmediatamente vuelvo a ser el Ser, la Unidad. Tomo conciencia que al pensar como lo haría el ego, salgo del ser y vuelvo a la dualidad.

Otra vez tomo conciencia, de que con solo decirlo, lo Soy. La duda vuelve a mí y le digo... -y cuando esté despierto, esto no va a funcionar igual, entonces él me dice... -Sí va a funcionar, aunque tú no lo notes y no lo percibas como ahora.

De alguna manera me está diciendo lo que dice el libro... "La verdad tiene que ser reconocida y necesita únicamente ser reconocida". Al reconocerla se manifiesta. Así ocurre en el sueño.

Pero al igual que ocurre y me siento la unidad cada vez que repito la frase, "Yo Soy la Fuente", cada vez que tengo un pensamiento dual, del ego, no del ser... me veo fuera. Esto me lleva a otra toma de conciencia. Según me vea, según piense, estoy o no estoy en el Ser.

Aquí me hago consciente de lo que es la dualidad... muchos seres, separados; y la Unidad, un solo Ser, una sola consciencia donde estamos y somos ya Todo. Es más, me da la plenitud de que estoy en lo único que existe, lo único que Es.

Le pregunto sobre el amor, pues me extraña que al sentir que soy un solo Ser, no percibo lo más importante en Él. El Espíritu Santo me hace ver que mi conciencia no está entregada del todo.

Como estoy semi-cosnciente, estoy viviendo todo esto plenamente, es todo para mí real. Esto es lo que se conoce como un sueño lucido.

Cuando me quiero dar cuenta, paso a otro estado, ahora estoy más despierto que dormido. Más con la conciencia de aquí, pero no despierto.

Me resisto a salir de aquí, del semi-sueño. Miro el reloj y veo que son las 3.30. Prontísimo, mañana salgo de viaje... pero me puede más seguir en esté estado... reviviendo todo para que se me grabe bien.

Durante este periodo me doy cuenta que no recuerdo el sueño casi, solo lo que ocurre después cuando empiezo a hablar con el Espíritu Santo. No me importa, es tan valioso lo vivido, es tan grande la vivencia-enseñanza, que sigo disfrutándola, hasta que me tengo que levantar. 5:45

Son de esos sueños de los que quieres recordar y vivir todo. Afortunadamente al día siguiente, tenía clase, encuentro en Murcia. Yo sabía que iba a salir el tema tarde o temprano. Esto me ayudo a recordar y sentirlo vivo. El hecho de hacer el viaje solo, también me permitió seguir reviviendo todo.

Reflexiones:

Lo más potente... decir... "Soy la Fuente" me convertía en la Fuente. Al día siguiente lo decía y no sentía nada. Pero recordaba el Espíritu Santo... -da igual, estás ahí.

¿Por qué decir... Soy la Fuente y no mejor decir: Soy el hijo de Dios?

Durante el viaje, lo fui analizando. Si digo soy una gota del océano, me veo separado del océano, aunque sé que formo parte del océano. Sin embargo, si digo... soy el océano... soy la plenitud que es. Así lo sentía. Solo estaba reconociendo la verdad y la verdad se manifestaba.

Ver tan claramente el Ser y el sueño, la Unidad y la dualidad, es maravilloso. Una vez más, como el "Curso" dice... todo es sueño, todo es irreal. Si Dios es Dios, este mundo no puede ser real. Lo sentí o más bien, lo viví claramente.

Ha sido tan lucido, que quiero mantener este estado de conciencia. Como cada vez que elevamos la conciencia, todo en este sueño en el que creemos vivir, deja de tener importancia. Con el tiempo ese estado de conciencia se pierde, pero mantengo la idea, el recuerdo de que todo es como el "Curso" afirma.

Doy gracias por el sueño, aunque para mi... fue pura vivencia, no sueño.

... Y vendrán otros días y vendrán otros caminos... y vendrán otras personas y otras se irán... Pero aquellas que entraron en nuestro corazón... Esas, esas nunca se irán.

Made in the USA
Columbia, SC
10 November 2022

70870817R00111